어린이 과학 형사대
CSI ⑲

CSI, 소중한 우정을 지키다!

* 과학 교과 연계에 대한 자세한 내용은 가나출판사 홈페이지를 참조하세요.

어린이 과학 형사대 CSI ⑲

초판 1쇄 발행 | 2012년 5월 25일
초판 11쇄 발행 | 2018년 8월 16일

지은이 | 고희정
그린이 | 서용남
감　수 | 곽영직(수원대학교 물리학과 교수)

펴 낸 곳 | (주)가나문화콘텐츠
펴 낸 이 | 김남전
기획부장 | 유다형
편　　집 | 김영남 이보라
외주편집 | 생강빵
디 자 인 | 정란
마 케 팅 | 정상원 한웅 정용민 김건우
관　　리 | 임종열 김다운

출판 등록 | 2002년 2월 15일 제10-2308호
주　　소 | 경기도 고양시 덕양구 호원길 3-2
전　　화 | 02-717-5494(편집부) 02-332-7755(관리부)
팩　　스 | 02-324-9944
홈페이지 | ganapub.com
이 메 일 | admin@anigana.co.kr

ⓒ 고희정, 2012

ISBN 978-89-5736-545-8　(74400)
　　　978-89-5736-440-6　(세트)

* 책값은 뒤표지에 표시되어 있습니다.
* 이 책의 내용을 재사용하려면 반드시 저작권자와 (주)가나문화콘텐츠 양측의 동의를 얻어야 합니다.
* 잘못된 책은 바꾸어 드립니다.

* '가나출판사'는 (주)가나문화콘텐츠의 출판 브랜드입니다.

- 제조자명 : (주)가나문화콘텐츠
- 주소 및 전화번호 : 경기도 고양시 덕양구 호원길 3-2 / 02-717-5494
- 인쇄일 : 2018년 8월 9일
- 제조국명 : 대한민국
- 사용연령 : 4세 이상 어린이 제품

어린이 과학 형사대
CSI ⑲

CSI, 소중한 우정을 지키다!

글 고희정 | 그림 서용남
감수 곽영직(수원대학교 물리학과 교수)

주인공 소개

• 강별과 송화산

강별은 CSI 2기 지구 과학 형사. 매사에 자신만만하며 승부욕이 강하다. **송화산**은 어린이 형사 학교 학생. 과학 실력이 뛰어나지만 소극적이며 겁이 많다.

• 황수리와 최운동

황수리는 CSI 2기 물리 형사. 소극적이지만 차분하고 사고가 논리적이다. **최운동**은 어린이 형사 학교 학생. 언제나 밝고 맑고 즐거운 수선쟁이.

• 양철민과 장원소

양철민은 CSI 2기 화학 형사. 어딜 가나 왁자지껄 시끄럽고 덤벙대는 리틀 어 형사. **장원소**는 어린이 형사 학교 학생, 과학 실험을 좋아하고 요리의 팬 카페 회원이다.

• 신태양과 소남우

신태양은 CSI 2기 생물 형사. 싹싹하고 예의 바르며 매력적인 훈남. **소남우**는 어린이 형사 학교 학생. 아이다운 순진한 심성과 따뜻한 마음을 가졌다.

CSI 1기 형사들
• 나혜성 • 이요리 • 반달곰 • 한영재

어린이 형사 학교 선생님들
• 박춘삼 교장 • 어수선 형사 • 정나미 형사 • 안미인 형사

차례

- CSI, 사랑에 아파하다 6

- **사건 1** 흔들리는 건물 12
  핵심 과학 원리 – 진동과 공명 현상
  수리가 들려주는 사건 해결의 열쇠 46

- **사건 2** 돌고래는 왜 죽었을까? 50
  핵심 과학 원리 – 어는점 내림 현상
  철민이가 들려주는 사건 해결의 열쇠 82

- **사건 3** 누가 도둑일까? 86
  핵심 과학 원리 – 물의 순환과 서리
  별이가 들려주는 사건 해결의 열쇠 122

- **사건 4** 수상한 강도 사건 126
  핵심 과학 원리 – 피의 순환과 시반
  태양이가 들려주는 사건 해결의 열쇠 160

- CSI, 우정을 선택하다 164

- 특별 활동 : CSI, 함께 놀며 훈련하다! 170

- 찾아보기 180

CSI, 사랑에 아파하다

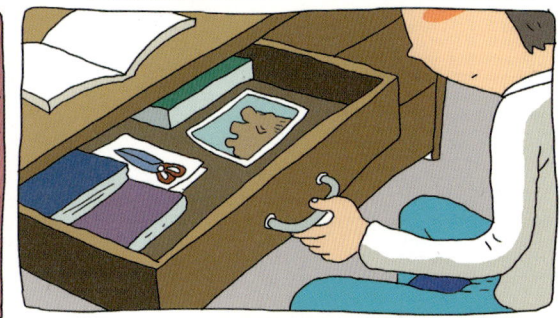

핵심 과학 원리 | 진동과 공명 현상

운동이의 고민

 운동이는 요즘 걱정이 많다. 공부도 그렇고, 졸업하면 어디로 진학해야 할지도 고민이지만, 무엇보다 가장 큰 걱정은 바로 부모님. 운동이는 저녁을 먹고 방에 들어오자마자 엄마에게 전화를 걸었다.
 "우리 아들, 바쁠 텐데 웬일로 전화를 다 했어? 저녁은 먹었어?"
 엄마의 반가운 목소리가 들렸다.
 "네. 먹었어요. 그런데 엄마, 보상 문제는 어떻게 됐어요?"
 "보상? 아유, 넌 그런 거 신경 안 써도 돼. 아빠랑 엄마가 다 알아서 할 거니까."
 "그래도……."
 엄마는 운동이가 집안일에 신경 쓰느라 공부에 집중하지 못할까 봐 염려하시는 것이었다. 하지만 운동이는 걱정스런 마음을 감출 수가 없었다. 그런데 엄마가 대뜸 물으셨다.
 "그런데 운동아, 혹시 오늘 지진 있었니?"
 "지진이라뇨?"

"아까 건물이 좀 흔들렸거든. 그래서 지진이 있었나 했는데, 뉴스에는 안 나오더라고."

"글쎄요. 여기는 아무 일도 없었는데."

"그럼 됐어. 너무 늦게까지 공부하지 말고 일찍 자라."

"네. 엄마도 안녕히 주무세요."

운동이는 전화를 끊고 나서 얼른 컴퓨터로 검색을 해 봤다. 하지만 오늘 서울을 비롯한 우리나라 전역에 지진이 발생했다는 기사는 어디에도 없었다.

'그런데 왜 건물이 흔들렸을까? 혹시 너무 오래돼서 건물에 문제가 생긴 거 아닐까?'

순간, 불길한 예감이 들었다. 운동이의 부모님은 지금 세 들어 있는 건물 2층에서 10년 넘게 세탁소를 운영하고 계신다. 그런데 최근 건물 주인이 바뀌면서, 건물을 허물고 다시 짓겠다며 세입자들에게 다 나가라고 했다는 것이다.

사실 그 건물은 지은 지 30년이 훨씬 넘은 데다가 보수 공사를 제때 안 해서 여기저기 노후된 곳이 많았다. 그래서 운동이네 부모님은 주변에 새로 짓는 건물로 세탁소를 옮길 생각도 여러 번 했었다. 하지만 10년이 넘도록 같은 자리에서 세탁소를 한 덕에 단골손님도 꽤 있는 데다, 건물이 허름하고 노후된 만큼 세도 싸기 때문에 그곳을 쉽게 떠나지 못했던 것.

새로 그 건물을 산 주인은 바로 부동산 기업인 다지어. 헌 건물을 사들인 다음 새 건물을 지어 임대 사업을 하는 기업이었다. 그런데 건물을 허물고 새로 지을 경우 세입자들은 건물을 비워 줘야 하는데, 세입자들이 받을 수 있는 금액은 월세 보증금뿐이라는 것이었다. 다달이 월세를 내기 때문에 보증금은 정말 얼마 안 되는 액수. 그러니 그 돈으로 다른 곳에 세를 얻는 것은 도저히 불가능했다.

그러다 보니, 상인들은 30년 넘게 형성된 상권에서 얻는 이익, 신용 등의 가치를 고려해 그에 걸맞은 보상을 해 줘야 한다고 주장하는데, 다지어 측에서는 상인들의 주장을 전혀 받아들이지 않고 있는 것. 무조건 다음 달 말까지 가게를 비우라니, 상인들 입장에서는 분노와 한숨이 터져 나올 수밖에 없는 상황이었다.

다음 날, 수업이 끝나자마자 아이들은 모두 도서관으로 갔다. 코앞으로 다가온 기말고사 때문이었다. 하지만 운동이는 계속 마음이 쓰여 공부에 집중할 수가 없었다. 그래서 잠깐 부모님께 다녀오겠다고 어 형사에게 외출 허락을 받았다.

건물 앞에 도착한 운동이는 아장아장 걸을 때부터 거의 매일 오가던 건물이 새삼 생경하게 느껴졌다. 그동안에는 잘 느끼지 못했었는데, 여기저기 낡고 칠이 벗겨진 모습이 눈에 와서 박혔다. 하지만 여길 떠나면 어디로 갈 수 있을까? 마음 같아서는 운동이 힘으로 깨끗한 새 건물에 세탁소를 내어 드리고 싶지만, 운동이에게는 아직 그럴 능력이 없다. 운동이는 답답하고 속상했다. 빨리 커서 부모님께 힘이 되어 드리고 싶은데, 왜 이렇게 시간이 더디 가는지.

 운동이네 세탁소는 6층 건물 중 2층에 자리하고 있었다. 올라가 보니, 엄마는 열심히 재봉틀을 돌리며 수선을 하고 계시고, 아빠는 뜨거운 증기를 내뿜으며 다림질을 하고 계셨다. 그 모습을 보는 순간, 운동이는 코끝이 찡해졌다. 마음고생이 얼마나 심하셨는지 며칠 사이 살도 많이 빠지시고 부쩍 늙으신 것 같았다.

 "엄마, 아빠! 저 왔어요."

 운동이는 애써 밝은 표정으로 인사를 하며 들어갔다.

"어, 오빠!"

세탁소 한옆에서 동화책을 읽고 있던 동생 지은이가 활짝 웃으며 반겼다. 부모님도 깜짝 놀라며 반기셨다.

"어머! 웬일이니, 이 시간에?"

엄마가 놀라움과 반가움이 섞인 표정으로 물으셨다.

"녀석, 엄마 보고 싶어서 왔구나. 허허허."

아빠가 농담을 하시며 운동이 머리를 쓰다듬으셨다.

"어떻게 아셨어요, 아빠? 헤헤헤."

운동이는 장난스럽게 웃으며 엄마를 와락 껴안았다.

식구들의 웃음소리에 운동이는 걱정과 긴장이 눈 녹듯 사라지는 것 같았다. 그저 아들딸 잘되는 낙으로 사시는 부모님. 운동이가 형사 학교에 합격했다는 소식에 부모님은 정말 행복해 하셨다. 사실 아빠의 어렸을 적 꿈이 바로 경찰이었던 것. 하지만 어려운 가정 형편 때문에 아빠는 고등학교를 졸업하자마자 돈을 벌어야 했단다. 그때 처음으로 취직한 곳이 바로 세탁소. 거기서 세탁 기술을 배우며 돈을 모아 마침내 자신의 세탁소를 차릴 수 있었던 것이었다.

운동이는 그런 아빠, 엄마가 언제나 자랑스러웠다. 다른 친구들의 부모님보다 많이 배우지도 못하셨고 또 돈도 많이 벌지 못하시지만, 언제나 운동이의 꿈을 응원해 주는 최고의 부모님이셨기 때문이다.

잠시 일손을 놓고, 네 식구가 둘러앉아 도란도란 이야기를 나눴다.

동생 지은이가 어제 글짓기 상을 받았다고 자랑이 대단했다.

"가만, 어제 아침에 해가 서쪽에서 떴나?"

능청스런 운동이의 농담에 지은이가 깜짝 놀라 물었다.

"정말? 해는 동쪽에서 뜨는 건데?"

"호호호. 오빠가 지금 장난친 거잖아. 네가 글짓기 상 받았다고."

엄마의 설명에 지은이는 매서운 손톱을 세워 운동이를 꼬집으려 달려들었고, 운동이는 여느 때처럼 잽싸게 아빠 뒤로 숨었다.

"지은아, 오빠가 잘못했어. 한 번만 봐줘. 헤헤헤."

역시 가족이란 함께 있을 때 행복하고, 멀리 있어도 힘이 되는 사람들이다.

건물이 흔들리다

그런데 바로 그때였다. 흔들흔들. 갑자기 건물 전체가 흔들리는 것이 아닌가. 모두 놀라 벌떡 일어났다.

"엄마!"

겁에 질린 지은이가 소리를 질렀고, 엄마는 지은이를, 아빠는 운동이를 잡았다. 그런데 또다시 흔들흔들. 아빠가 다급하게 소리쳤다.

"빨리 밖으로 나가, 빨리!"

복도로 뛰어나오자, 사람들이 계단으로 몰려들고 있었다.

여기저기서 웅성거리는 소리가 들렸다.

"지진 난 거 아냐?"

"어제도 그랬는데 지진은 아니었어. 건물이 너무 오래돼서 그런가?"

"이러다 정말 무너지는 거 아닌지 모르겠네."

운동이네 가족도 재빨리 밖으로 나왔다. 갑작스런 진동에 다들 놀란 표정. 운동이의 아빠가 119에 신고했고, 전화를 끊은 다음 사람들에게 큰 소리로 외쳤다.

"일단 건물에서 좀 떨어져 있으랍니다!"

사람들이 모두 건너편으로 가기 위해 우르르 횡단보도를 건너자, 주변 건물의 상인들도 무슨 일인가 싶어 몰려나왔다. 도로가 순식간에 아수라장이 됐다.

운동이가 물었다.

"어제도 이렇게 흔들렸어요?"

엄마가 대답했다.

"그래. 그래서 다들 지진이 났나 했다니까."

"얼마나 그랬는데요?"

"글쎄. 한 2분, 3분쯤?"

그러자 운동이네 세탁소 옆에서 미용실을 하는 아주머니가 걱정되는 표정으로 말했다.

"건물이 하도 낡아서 무너지려고 이러나?"

1층 떡볶이 집 아저씨가 목소리를 높였다.

"혹시 그 다지어인지 뭔지 하는 회사에서 우리를 내쫓으려고 일부러 꾸민 일 아냐?"

미용실 아주머니가 눈이 휘둥그레져서 물었다.

"우릴 내쫓으려고 건물을 흔들었다고요? 어떻게요?"

엄마가 말했다.

"아유, 어떻게 건물을 흔들어요. 그냥 하시는 말씀이지."

그러자 떡볶이 집 아저씨가 말했다.

"그냥 하는 말이 아니에요. 혹시 뭐 폭약 같은 장치를 해 놓았을 수도 있죠. 어제도 그렇고 오늘도 그렇고, 멀쩡하던 건물이 왜 갑자기 흔들리느냐 말이에요."

갑자기 주위가 웅성웅성해졌다.

"뭐, 폭약? 정말?"

"터지는 소리는 못 들었는데. 소리 없이 터지는 폭약도 있나?"

그때였다. 신고를 받고 소방차와 경찰차가 요란한 사이렌 소리를 울리며 속속 도착했다. 운동이 아빠가 가서 자초지종을 설명하자, 경찰이

지진은 왜 일어날까?

지진은 지각이 진동하며 흔들리는 것을 말해. 지구를 덮고 있는 거대한 판들은 서로 밀거나 비껴 지나가면서 지층과 암석에 압력을 주지. 이 압력은 오랫동안 지층과 암석에 쌓이다가 더 이상 압력을 견디지 못하는 순간, 위아래로 어긋나면서 그동안 눌려 있던 에너지를 한꺼번에 방출하게 돼. 그때 에너지가 거대한 파도처럼 물결치면서 퍼져 나가 지각을 크게 진동시키는데, 이것이 바로 지진이야.

사람들에게 말했다.

"혹시 건물이 붕괴되면 다칠 수 있으니 가까이 오지 마세요. 소방대원들이 들어가서 긴급 안전 진단을 해 보겠습니다."

점검은 한 시간 이상 걸린다는 것. 그러자 엄마가 말했다.

"운동아, 너는 얼른 학교로 들어가. 어떻게 됐는지 엄마가 이따 전화해 줄게."

"그래. 곧 날도 어두워지니까 얼른 들어가라."

아빠도 재촉하셨다.

운동이는 할 수 없이 학교로 돌아왔다. 하지만 부모님을 만나러 가기 전보다 마음은 더 무겁기만 했다. 운동이는 결과가 궁금해서 학교에 도착하자마자 엄마에게 전화를 걸었다.

"아무 이상 없다는구나."

"이상이 없다고요? 두 번이나 사람들이 다 느낄 정도로 건물이 흔들렸는데도요?"

"그러게 말이다. 건물이 워낙 오래되고 낡아서 정밀 안전 진단을 해 봐야 정확한 원인을 알 수 있다는데, 오늘 점검한 결과로는 별 이상이 없었대."

"그럼 정밀 안전 진단을 빨리 해 봐야겠네요. 이상 없다는 말만 믿고 있다가 진짜 사고라도 나면 어떡해요."

운동이가 걱정이 되어 말했다.

"그러잖아도 아빠랑 자치회 아저씨들이 다지어에 가서 담당자한테 얘기했더니, 어차피 철거할 건물을 뭐 하러 정밀 안전 진단까지 하냐면서 겁나면 빨리 나가라고 했대."

"네? 정말요?"

운동이는 화가 치밀었다. 언제 어떻게 무너질지도 모르는데, 사람들의 안전은 안중에도 없다는 말인가?

혹시 아까 떡볶이 집 아저씨 말대로, 보상금 문제로 시끄러우니 빨리 내보내려고 일부러 일을 꾸민 건 아닐까? 명색이 6층짜리 건물이고, 30년을 멀쩡히 서 있던 건물인데, 갑자기 흔들렸다는 것이 아무래도 이상했다. 그렇지만 도대체 무슨 수로 그 큰 건물을 흔들었단 말인가. 만약 폭탄이 터지면서 일어난 진동이라면 분명히 폭발하는 소리가 들렸을 것이다. 하지만 현장에 있던 운동이도 그렇고, 폭발 소리를 들은 사람은 없었다.

"폭발물은 없었대요? 흔적 같은 것도요?"

운동이가 다시 확인했다.

"없었대. 여하튼 너무 걱정 마. 엄마, 아빠가 잘 해결할 테니까 너는 학교생활 열심히 하렴. 알았지?"

"네."

대답은 했지만 운동이는 너무 속이 상했다. 그래서 그날 밤은 쉽게 잠이 오지 않았다.

 우정을 깨닫다

다음 날 아침 식사 시간. 밤새 잠을 설쳐서 그런지 운동이는 입맛도 없고, 기운도 없었다. 그 모습을 본 원소가 걱정스러운 듯 물었다.

"운동아, 너 어디 아파?"

"아니. 그냥 잠을 좀 못 자서 그래."

그러자 철민이가 까불거리며 말했다.

"에이, 딱 보면 모르냐? 밤새서 공부했구먼. 그런 걸 뭐하러 감추냐? 소심하게."

순간, 운동이는 열이 확 났다. 사람 속도 모르고 내키는 대로 말하는 철민이가 미웠다. 그래서 저도 모르게 버럭 소리를 질렀다.

"내가 밤새 공부하는 거 네가 봤어? 어?"

당황한 철민이가 얼버무렸다.

"아니, 난……."

"아무것도 모르면서 떠들지 마."

운동이는 식판을 들고 다른 자리로 가 버렸다. 갑자기 이게 무슨 일인가 싶어 다들 어리둥절한 표정.

운동이와 철민이는 누구나 다 아는 절친이다. 처음에는 그저 그런 사이였다. 그런데 날이 갈수록 잠시도 몸을 가만있지 못하는 운동이와 잠시도 입을 가만두지 못하는 철민이가 말 그대로 환상의 콤비를 이룬 것.

워낙 죽이 척척 맞아 함께 있으면 언제나 웃음꽃이 피었고, 지금껏 한 번도 다툰 적이 없을 정도로 사이가 좋았다. 그런데 도대체 이게 무슨 일인지.

남우가 걱정되는 표정으로 물었다.

"둘이 싸웠어?"

"아니."

철민이가 어리벙벙한 표정으로 대답했다.

식사 후 방에 돌아온 운동이는 침대에 털썩 주저앉았다. 평소라면 철민이의 그런 농담쯤은 아무렇지도 않게, 아니 한술 더 떠서 받아넘기는 운동이였다. 하지만 부모님 걱정에, 어제 건물에서 있었던 사고까지 겪고 나니 기분이 완전히 바닥이었다. 게다가 공부도 제대로 못해 속상한 마음까지 겹쳐, 철민이의 농담에 과민 반응을 했던 것이었다. 당황했을 철민이와 친구들을 생각하니, 운동이는 얼굴이 화끈거렸다.

수업 시간 내내, 또 수업 후 도서관에 모여 공부를 하는 동안에도 서먹한 분위기가 계속됐다. 아까는 미안했다고 얘기하고 싶은데, 철민이도 운동이도 말문이 열리지 않아 계속 서로의 눈치만 보고 있었다. 다른 아이들은 얼마 남지 않은 기말고사 때문에 아까의 소동은 모두 잊은 듯 공부에 열중하고 있었다.

그런데 바로 그때였다. 정적을 깨고 휴대전화 진동이 울렸다. 모두의 시선이 운동이 자리로 쏠렸다. 그런데 언제 나갔는지 운동이는 보이지 않고 휴대전화만 부르르 울리고 있었다. 조금 떨어진 자리에 앉아 있던 철민이가 얼른 다가가서 운동이의 휴대전화를 보았다. 운동이의 여동생 지은이였다.

철민이는 얼른 도서관에서 나와 전화를 받았다.

"여보세요?"

"오빠!"

지은이의 울먹이는 목소리에 철민이는 깜짝 놀랐다.

"지은이니? 나 철민이야."

"어, 철민이 오빠? 우리 오빠는?"

"잠깐 화장실 갔나 봐."

철민이는 문득 이상한 느낌이 들었다. 아까 아침 식사 때 운동이의 반응도 그렇고, 지은이의 울먹이는 목소리도 그렇고. 철민이는 전화를 끊으려는 지은이에게 다급하게 물었다.

"지은아, 혹시 집에 무슨 일 있니?"

그런데 바로 그때였다.

흔들리는 건물 27

"지은이? 내 동생이야?"

운동이였다. 철민이는 얼른 휴대전화를 내밀며 말했다.

"응. 급한 전화 같아서 내가 받았어."

운동이는 철민이 말에는 아무런 대꾸도 없이 황급히 전화를 받았다.

"지은아, 나야. 왜 그래? 무슨 일 있어? 울지 말고 말해 봐. 또 흔들렸다고? 알았어. 오빠가 지금 갈게."

전화를 끊고 난 운동이의 표정이 어두웠다. 철민이가 얼른 물었다.

"흔들리다니? 무슨 일이야?"

그러자 운동이가 여전히 퉁명스럽게 대꾸했다.

"몰라도 돼. 상관 마."

순간, 철민이는 너무 속상했다. 만날 장난이나 치는 사이지만 철민이는 운동이와 절친이라 생각하고 있었다. 그런데 뭔가 문제가 있는 게 분명한데, 계속 숨기려고만 하는 운동이에게 서운한 마음이 들었다. 철민이는 버럭 소리를 질렀다.

"야, 최운동! 너 친구끼리 자꾸 이러기야? 내가 너한테 이 정도밖에 안 돼?"

갑작스런 철민이의 반응에 운동이도 당황했다.

"아니, 그게 아니라……."

"친구가 뭐냐? 즐거운 일 있으면 같이 좋아하고, 어려운 일 있으면 같이 돕고, 그러는 거 아니냐?"

철민이의 말에 운동이는 뭔가 뜨거운 것이 가슴속 깊은 곳에서 치밀어 오르는 것이 느껴졌다. 맞다. 친구다. 시끄럽고 수선스러워서 가볍게만 보이는 철민이지만, 운동이에게는 누구보다 가깝고 언제나 힘이 되는 그런 친구가 아닌가.

결국 운동이는 자초지종을 털어놓았다. 얘기를 다 듣고 난 철민이는 선뜻 나서며 말했다.

"그럼 같이 가자."

"공부는? 너 시험공부 해야 되잖아."

"야, 지금 공부가 문제냐!"

그러더니 먼저 들어가서 잽싸게 자리를 정리하는 것이 아닌가. 옆에 있던 별이가 물었다.

"어디 가려고? 무슨 일 있어?"

"잠깐 나갔다 올게. 최운동, 뭐 해?"

결국 운동이는 철민이와 함께 세탁소로 향했다.

가 보니, 어제와 똑같은 상황이 벌어지고 있었다. 건물 안에 있던 사람들이 모두 밖으로 나와 있고, 몇몇 사람들은 흥분해서 언성을 높이고 있었다. 경찰차와 소방차도 와 있었다.

철민이까지 같이 온 걸 보고 엄마는 영 마음이 쓰이시는 듯했다.

"아유, 공부해야 되는데 어쩌니."

"괜찮아요. 그런데 아빠는 어디 가셨어요?"

운동이의 물음에 엄마가 걱정되는 표정으로 대답했다.

"자치회 분들이랑 다지어에 정밀 안전 진단을 요구하러 가셨어. 이번엔 확실히 약속을 받으시겠다고."

"상황은 어제랑 똑같았어요?"

"응. 그런데 오늘은 좀 더 짧았던 것 같아. 한 1분쯤 흔들렸나?"
"엄마, 오늘은 몇 시에 흔들렸어요?"
"한 4시쯤 됐을걸."
"그럼 어제랑 비슷한 시간이네요."
"그러네. 그러고 보니, 그저께도 그 시간쯤 흔들렸던 것 같아."
그러자 듣고 있던 철민이가 고개를 갸우뚱하며 말했다.
"희한하네요. 어떻게 타이머를 맞춰 놓은 것처럼 같은 시간에 흔들리는 거죠? 지진이라면 절대 그럴 수 없을 텐데."
운동이가 말했다.
"건물에 문제가 있다고 해도 마찬가지야. 매번 같은 시간에 흔들린다는 건 말이 안 돼. 하도 이상한 일이라 떡볶이 집 아저씨는 다지어 쪽에서 폭약을 설치한 것 아니냐고까지 했어."
철민이가 고개를 저었다.
"폭발이 일어나면 흔들림뿐 아니라 소리를 동반하게 되어 있어. 아직까지 소리 없는 폭탄이 개발됐다는 말은 못 들어 봤고."
그때였다.
"운동이 왔니? 바쁠 텐데 왜 또 왔어?"
운동이의 아빠가 돌아오셨다.
"안녕하세요?"
"오, 그래. 철민이도 왔구나. 이런 일로 신경 쓰게 해서 어쩌니."

운동이가 물었다.

"다지어에서는 뭐래요?"

"똑같은 말뿐이야. 겁나면 나가래."

그러자 엄마가 화가 나서 말했다.

"뭐라고요? 정말 몹쓸 사람들이네. 그래서 어떻게 하기로 했어요?"

"구청에 정식으로 민원을 넣기로 했어."

결국 그날도 건물에는 이상이 없다는 결론이 나왔다. 거기까지 달려갔지만 운동이는 건물이 흔들리는 이유를 알아내지 못했다. 철민이도 도움이 되지 못한 것 같아 미안한 마음이 들었다. 하지만 운동이는 철민이가 같이 와 준 것만 해도 정말 고마웠다. 돌아오는 길, 두 아이는 다시 예전처럼 스스럼없는 친구가 되어 있었다.

철민이와 운동이가 학교로 돌아오자 다른 아이들이 우르르 몰려들었다. 남우가 물었다.

"무슨 일이야?"

그러자 태양이도 말했다.

"걱정했어. 말 좀 해 봐."

그제야 운동이는 전후의 상황을 털어놓았다. 운동이네 부모님이 세탁소를 한다는 것은 모두 알고 있던 사실. 그러나 그런 어려움에 처해 있다는 이야기는 오늘 처음 들었다. 아이들은 힘을 보태고 싶었다.

"당장 정밀 안전 진단을 할 수는 없는 거야?"

원소가 묻자 운동이가 대답했다.

"다지어에서는 꿈쩍도 안 해. 일단 구청에 민원을 넣었으니까 결과를 지켜봐야지."

수리가 걱정되는 표정으로 말했다.

"그 사이 무너지기라도 하면 어떡해."

"그러니까 그게 문제라고. 빨리 뭔가 조치를 취해야 돼."

철민이의 말에 화산이가 의견을 냈다.

"우리가 한번 가 볼까? 뭔가 알아낼 수 있을지도 모르잖아."

"그래, 그러자."

아이들 모두 선뜻 나서며 말했다. 운동이는 갑자기 코끝이 찡해졌다. 언제나 장난만 치고 진지한 적이 별로 없었던 운동이. 그래서 솔직히 다른 아이들이 자신을 어떻게 생각하는지, 또 자신을 진짜 친구로 생각하는지에 대해서도 깊이 생각해 본 적이 없었다. 그런데 모두 이렇게 진심으로 걱정해 주고, 도와주겠다고 나서니 정말 감격스러웠다.

하지만 시험 준비 때문에 바쁜 걸 뻔히 알면서 시간을 뺏을 수는 없는 일. 오늘 철민이가 함께 가 준 것, 그리고 아이들이 함께 가 보자고 나선 것만으로도 이미 충분히 고마운 마음이었다.

"일단 구청에서 결과 나오는 거 보고. 아무튼 얘들아, 마음 써 줘서 정말 고마워."

진지해진 운동이의 모습에 태양이가 슬쩍 펀치를 날리며 장난을 쳤다.

"고맙긴. 우리가 뭐 남이야?"

그렇다. 여덟 명의 아이들은 더 이상 남이 아니다. 2년이 넘도록 동고동락하며 온갖 사건을 함께 해결해 온 사이다. 진한 우정으로 똘똘 뭉친 친구들이다.

진동의 원인을 찾다

다음 날 아침, 운동이는 엄마의 전화를 받았다. 다행히 구청에서 정밀 안전 점검을 곧바로 시작한다는 소식이었다.

"그럼 가게는요?"

"쉬어야지. 이틀 동안 건물에 들어오지 말라니까."

엄마의 말씀에 운동이는 일단 안도의 숨을 내쉬었다. 부모님이 위험한 건물 안에 계시지 않는 것만으로도 다행이라는 생각이 들었다.

그렇게 이틀이 조용히 지나갔다. 그리고 사흘째 되는 날, 드디어 정밀 안전 점검 결과가 나왔다. 그런데 이게 어떻게 된 일인가! 몇몇 기둥에서 균열이 보이긴 하지만 건물 자체와 지반에는 아무런 문제가 없다는 것. 게다가 점검하는 사이에는 한 번도 진동이 발생하지 않았다는 것이었다.

그 소식을 듣고 아이들은 의아했다. 철민이가 먼저 의문을 제기했다.

"이상하네. 그전에는 3일 연속해서, 그것도 비슷한 시간에 진동이 생겼는데, 왜 정밀 안전 점검을 하는 동안에는 진동이 없었을까?"

남우가 의견을 말했다.

"건물에 사람들이 없는 상태여서 진동을 못 느꼈던 것 아닐까?"

그러자 화산이가 말했다.

"점검하는 사람들은 있었겠지. 진동 측정기도 설치했을 테고. 점검하는 기간 동안 진동이 발생하지 않은 건 확실해. 그래서 더 이상한 일이지만."

이번엔 수리가 나름대로의 추리를 내놓았다.

"진동 시간이 짧았다고 했지? 그렇다면 혹시 누군가 진동을 일으키고, 사람들이 우왕좌왕 빠져나가는 사이 도망간 것 아닐까?"

원소도 동의했다.

"맞아. 지진도 아니고 건물 이상도 아닌데, 같은 시간대에 연속해서 진동이 일어났어. 그렇다면 누군가 일부러 진동을 일으켰다는 거지."

운동이가 의문을 제기했다.

"그런데 소리는 전혀 없었거든. 소리 없이 건물 전체가 흔들릴 만한 진동을 일으킨다는 게 가능할까?"

"그러지 말고 우리가 직접 가서 조사해 보자."

별이가 말했다. 운동이는 좀 놀랐다. 언제나 새침하던 별이. 물론 요즘 많이 부드러워지고 너그러워진 별이의 변화를 느끼고는 있었지만 그래도 자신의 일에 선뜻 나서 줄지는 몰랐기 때문이다.

태양이도 말했다.

"그래. 도움이 될지 안 될지는 모르지만 그래도 한번 가 보자."

그러자 철민이가 두 팔을 하늘로 쭉 뻗으며 말했다.

"우리가 누구냐! 세계 최고의 형사 학교, 어린이 형사 학교 학생들 아니냐! 헤헤헤."

아이들은 수업이 끝난 후, 운동이네 세탁소로 향했다. 안전하다는 발표가 나자, 상가 사람들은 다시 가게를 열었다. 하지만 아직 불안이 다 가시지는 않은 표정.

운동이네 엄마, 아빠는 바쁜 시간을 쪼개서 와 준 아이들에게 연신 미안하고 고맙다는 말씀을 하셨다. 아이들은 곧바로 팀을 나누어서 지하 주차장부터 6층까지 꼼꼼히 살피기 시작했다. 혹시 작은 단서라도

있을까 해서 정말 샅샅이 조사했다. 하지만 폭발의 흔적도, 별다른 문제점도 발견하지 못했다. 구청에서 점검한 결과와 마찬가지로, 건물이 오래돼서 군데군데 균열이 간 부분은 있지만, 그 균열만으로 건물 전체가 흔들리는 진동이 일어났을 것 같지는 않았다.

결국 아무런 단서도 찾아내지 못한 아이들. 미안한 마음이 드는데, 운동이네 부모님은 와 준 것만 해도 고맙다며 짜장면을 사 주시겠다고 했다. 아이들이 사양하자, 운동이가 농담 반 진담 반으로 말했다.

"너희들 짜장면 안 먹고 가면 나 또 화낸다."

그래서 다 같이 3층에 있는 중국집으로 갔다. 짜장면에 탕수육까지 시켜 주셔서 아이들은 맛있게 먹었다. 그런데 한창 먹고 있는데 식탁이 흔들흔들. 또다시 건물이 흔들리기 시작했다.

"뭐, 뭐야!"

놀란 아이들이 서로를 붙잡으며 소리쳤다.

"또 흔들린다!"

운동이의 말에, 철민이가 얼른 시간을 확인했다. 4시 17분.

"이번에도 비슷한 시간이야."

모두 황급히 건물 밖으로 나왔다. 몰려나온 사람들이 웅성거렸다.

"귀신이라도 붙었나? 아니, 왜 상가 문만 열면 건물이 흔들리냐고!"

미용실 아주머니가 말했다.

"웬 귀신 타령이야? 무섭게."

옆의 아주머니가 겁먹은 표정으로 대꾸했다. 그런데 몰려나온 사람들을 무심코 보고 있던 수리는 문득 운동복을 입고 있는 아주머니들의 이야기가 귀에 들어왔다.

"아무래도 그만둬야겠어. 태보 강좌 새로 개설했다고 해서 등록했더니, 첫날부터 계속 이게 뭐야!"

"그러게 말이야. 어째 태보만 하면 이 야단이 나는 거야?"

순간, 수리의 머리를 번쩍 스치고 지나가는 것이 있었다.

'태보! 혹시?'

수리는 얼른 운동이에게 물었다.

"이 건물에 운동하는 곳도 있어?"

"응. 6층에 헬스클럽 있어. 그건 왜?"

그런데 바로 그 순간, 운동이도 번쩍!

"혹시 공명?"

"공명이라면, 진동수가 일치해서 진동이 더 커지는 현상을 말하는 거 아냐?"

철민이가 수업 시간에 들었던 것을 기억해 냈다. 수리가 대답했다.

"맞아. 모든 물체는 탄성이나 모양, 구성 물질 등에 의해 자신만의 고유한 진동수를 가지고 있어. 유리컵을 칠 때 나는 소리와 탁자를 칠 때 나는 소리가 다른 것은 각각의 고유 진동수가 달라 우리 귀에 다르게 들리기 때문이지."

그러자 운동이가 이어서 설명했다.
"그런데 물체의 고유한 진동수와 똑같은 진동수를 가진 진동이 물체에 전달되면 두 개의 진동이 합쳐져 물체가 더 크게 진동하게 되는데, 이런 현상을 '공명'이라고 해."
이번엔 남우가 의문을 제기했다.
"공명만으로 이런 큰 건물이 흔들릴 수 있어?"
수리가 대답했다.
"가능해. 1940년, 미국 워싱턴 주에 있는 타코마 다리는 시속 190킬로미터의 초강풍에도 견딜 수 있게 설계되었는데, 시속 60킬로미터 정도의 바람 때문에 맥없이 무너졌어. 왜냐하면 공교롭게도 바람의 진동수가 다리의 진동수와 일치해 공명 현상을 일으켰기 때문이야."
운동이도 덧붙여 말했다.
"군인들이 동시에 발을 맞춰 행진하는 바람에 다리가 무너진 일도 있었어. 1831년 영국 부대가 맨체스터 근교의 다리 위를 행진할 때, 부대원들이 발을 맞춰 행진하는 박자가 다리의 고유 진동수와 일치해 다리가 무너져 내린 사고였지."
태양이가 고개를 끄덕이며 물었다.

> **소리를 질러 유리컵을 깰 수 있을까?**
>
> 유리컵의 고유 진동수와 똑같은 진동수의 소리를 내면, 두 진동이 합쳐져 공명 현상이 일어나지. 그러면 진동이 커지면서 유리컵을 쨍그랑 깨뜨릴 수 있어. 하지만 결코 쉽지는 않아. 왜냐하면 유리컵의 고유 진동수와 똑같은 진동수의 소리를 찾아야 하고, 또 컵이 점차 큰 떨림으로 울려서 깨질 때까지 끈기 있게 같은 소리를 내야 하기 때문이지.

"이 건물도 공명 현상 때문에 흔들렸다면 건물의 진동수와 일치하는 진동이 있어야 되잖아. 헬스클럽에서 운동할 때 생기는 진동으로 가능할까?"

수리가 대답했다.

"확인해 보자."

아이들은 운동복을 입은 아주머니들이 모여 있는 곳으로 갔다. 먼저 수리가 물었다.

"지금 운동하다 내려오신 거예요?"

그러자 한 아주머니가 불만이 가득 섞인 투로 대답했다.

"그래. 운동하다 말고 뛰어나온 게 벌써 네 번째라니까."

운동이가 물었다.

"건물이 흔들린 것도 이번이 네 번째거든요. 무슨 운동 하셨어요?"

"새로 태보 반이 개설됐다고 해서 두 달치를 끊었거든. 그런데 그 수업만 시작하면 건물이 흔들리더라니까. 내 참 황당해서."

별이가 다시 물었다.

"태보라면, 태권도와 복싱, 에어로빅을 합쳐서 만든 운동 아니에요?"

그러자 옆에 있던 아주머니가 시범까지 보이며 말했다.

"맞아. 막 이렇게 뛰면서 하는 건데, 살도 빠지고 건강에도 좋다고 해서 시작했지."

둘러보니, 운동복을 입고 있는 사람들이 스무 명가량 되어 보였다. 그렇다면 정말 공명 현상으로 건물이 흔들렸단 말인가?

철민이가 말했다.

"우리 삼촌이 건축학과 교수시거든. 우리가 생각한 게 가능한 일인지 한번 여쭤 보자."

철민이가 곧바로 삼촌, 양수현 박사에게 전화를 걸어 물었다. 양 박사가 대답했다.

"가능한 일이야. 건물에는 전혀 이상이 없다니까 일단 태보 수업을 멈추고 며칠 지켜보는 게 어떨까?"

다음 날부터 헬스클럽에서는 태보 강좌가 중단되었다. 그랬더니 그 이후로 정말 건물이 흔들리는 일은 일어나지 않았다.

일주일 후, 결국 건물의 흔들림은 공명 현상이 원인이었던 것으로 결론이 났다. 정말 다행스런 일이었다.

 기쁜 소식

그런데 예상치 못한 일이 벌어졌다. 다지어의 담당자가 이번 사건을 빌미로 상인들을 몰아내려고 작정을 하고 나선 것이었다.

"운동하다 그런 걸 가지고 우리를 의심하고 그랬단 말이에요? 보상이고 뭐고, 당장 가게 비우세요. 내쫓기 전에."

그러자 떡볶이 집 아저씨가 따졌다.

"그건 보상과는 상관없는 안전에 관한 문제였다고요."

"그러니까요. 그렇게 안전이 걱정되시면 하루라도 빨리 가게를 비우셔야죠. 여하튼 다음 달까지 다 비우세요."

"아유, 이를 어째……."

여기저기서 걱정스러운 한숨이 터져 나왔다. 그런데 바로 그때였다.

"가게 안 비우셔도 됩니다."

깜짝 놀란 사람들이 돌아보자, 말끔한 양복을 입은 오십 대 남자가 서 있었다.

"누구지?"

서로 누구냐고 묻는데 아는 사람이 아무도 없었다. 그런데 담당자가 갑자기 소스라치게 놀라며 꾸벅 인사를 하는 것이 아닌가.

"사, 사장님!"

"사장이라고? 그럼 다지어의 사장?"

사람들이 웅성거렸다.

그 남자가 담당자에게 다가가 엄한 표정으로 말했다.

"내가 언제 이렇게 무리하게 진행하라고 했나?"

사장의 질책에 담당자는 당황하여 말을 더듬었다.

"아니, 저, 그게 아니라……."

그러자 사장은 사람들 앞으로 나서서 꾸벅 인사를 하더니 말했다.

"처음 뵙겠습니다. 다지어 사장, 류근일입니다. 제가 부족해서 여러분께 큰 어려움을 드렸습니다. 사업 때문에 여기저기 돌아다니다 보

니, 담당자에게만 일을 맡기고 직접 챙기지 못했습니다. 다 제 불찰입니다. 보상 문제는 최대한 여러분의 의견을 존중해 결정하겠습니다. 그리고 건물이 새로 지어진 후, 다시 재입주를 원하신다면 먼저 입주할 수 있도록 배려하고, 입주금도 30퍼센트 낮은 가격으로 해 드리겠습니다."

이게 도대체 어떻게 된 일인가. 갑작스런 상황에 모두 당황한 표정. 하지만 이내 여기저기서 기쁨의 소리가 터져 나왔다.

"그렇게만 되면 더 바랄 게 없죠."

"아유, 감사합니다. 감사합니다."

알고 보니, 사장이 부동산 매입을 위해 한 달간 필리핀으로 출장을 떠난 사이, 담당자가 신속하게 일을 잘 처리했다는 평을 듣고 싶어 무리하게 철거를 강행했던 것이었다. 결국 담당자는 경질되고, 보상금 문제는 세입자 의견을 듣고 절충하기로 했다.

이제 운동이의 부모님도, 운동이도 한시름 덜게 되었다. 이 소식을 들은 아이들 모두 자기 일처럼 기뻐해 주었다. 운동이는 친구들의 우정에 대해 진심으로 고마운 마음이 들었다. 그리고 세상 무엇과도 바꿀 수 없는 소중한 것은 바로 '친구'임을 가슴 깊이 깨닫게 되었다.

 ## 수리가 들려주는 사건 해결의 열쇠

오래된 건물이 며칠 동안 연이어 흔들린 사건. 그 원인을 찾아낼 수 있었던 것은 바로 물체의 '진동'과 '공명 현상'에 대해 잘 알았기 때문이야.

💡 진동이란?

괘종시계의 추를 보면 같은 거리를 계속 왔다 갔다 왕복 운동을 하는 것을 볼 수 있지. 이렇게 똑같은 운동이 반복되는 것을 '진동'이라고 해. 소리는 물체의 진동이 공기를 통해 우리의 귀까지 전달된 것이지.

기다란 끈에 추를 매달고 밀면 추는 진동하게 되는데, 추가 단위 시간 동안 왕복 운동을 몇 번 하는가를 '진동수'라고 하고, 흔들리는 폭을 '진폭'이라고 해. 진동수는 진폭과 관계없이 항상 일정해. 이것을 '진자의 등시성'이라고 하지.

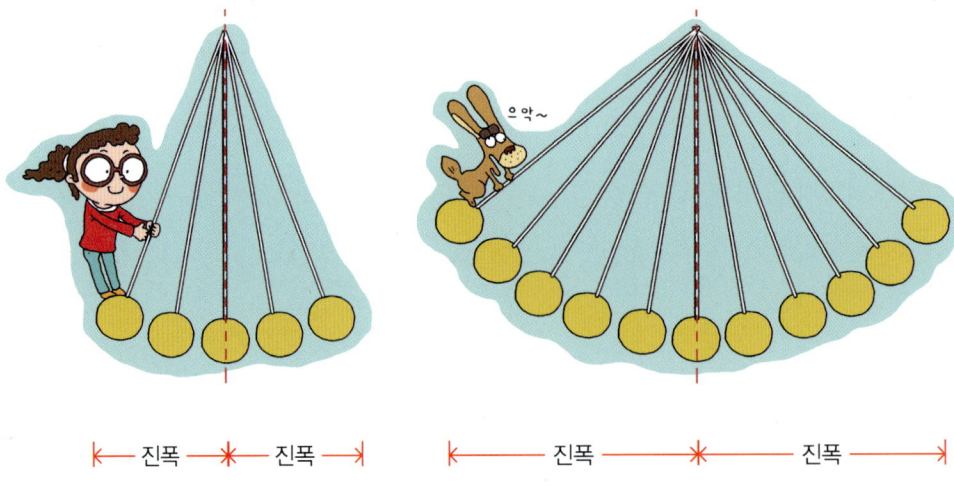

〈진자의 진동〉

그런데 모든 물체는 탄성이나 모양, 구성하는 물질 등에 따라 자신만의 고유한 진동수를 가지고 있어. 유리잔을 칠 때 나는 소리와 나무 탁자를 칠 때 나는 소리가 서로 다른 이유는, 유리잔과 나무 탁자의 고유 진동수가 달라 우리 귀에 다르게 들리기 때문이야.

💡 공명 현상

어떤 물체가 있어. 이 물체는 자신만의 고유한 진동수를 가지고 있지. 또 물체 주변에는 여러 가지 다른 진동들이 있고, 그것은 공기나 다른 물체를 통해 이 물체에 전달되고 있어. 그런데 그중 물체의 진동수와 똑같은 진동수를 가진 진동이 지속적으로 물체에 전달되면 어떤 일이 일어날까?

진동수가 같은 여러 개의 진동이 합쳐지면, 진폭이 급격하게 커지면서 물체가 크게 진동하게 돼. 이러한 현상을 '공명'이라고 하지. 즉, 공명이란 물체의 고유 진동수와 외부의 진동수가 일치할 때, 외부 진동의 영향을 받아 물체의 진동이 크게 증가하는 현상을 말해.

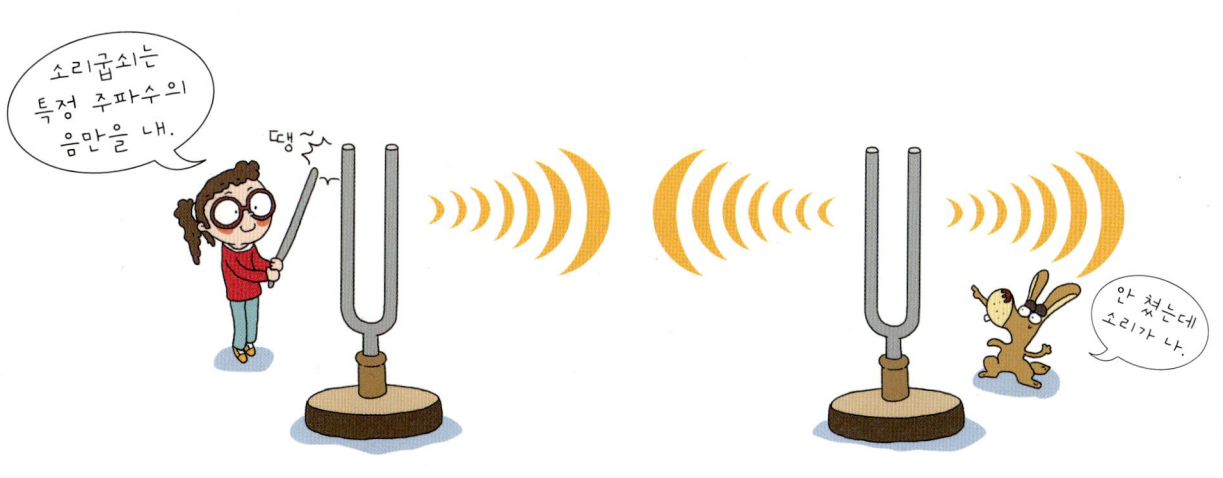

〈소리굽쇠의 공명 현상〉

 공명 현상의 예

공명 현상은 우리 주변에서도 쉽게 관찰할 수 있어.

그네가 앞으로 갈 때는 앞으로 밀어 주고, 뒤로 갈 때는 뒤로 당겨 주면 그네가 더 크게 흔들리는 것. 그리고 널뛰기를 할 때 두 사람이 호흡을 잘 맞추면 더 높이 뛸 수 있는 것이 다 공명 때문이야.

또 기타나 가야금 같은 현악기의 경우, 줄이 진동할 때의 진동수와 몸통이 진동할 때의 진동수가 같으면 청아한 소리가 나지.

라디오나 텔레비전은 대표적인 공명 장치라 할 수 있어. 라디오를 듣기 위해 주파수를 맞추거나 텔레비전의 채널을 돌리는 것은, 방송국에서 보내는 전자기파의 진동수와 라디오나 텔레비전 속 전자 회로의 고유 진동수를 같게 하여 공명이 일어나도록 하기 위한 거야.

또 전자레인지는 물 분자의 고유 진동수에 해당하는 마이크로파를 가해 음식물 속의 물 분자가 공명에 의해 크게 흔들리도록 하여 마찰열을 발생시켜 조리하는 장치야. 인체 내부를 볼 수 있는 핵자기 공명 장치(MRI)는 수소원자핵의 고유 진동수와 같은 진동수를 가진 전자기파를 보낼 때 발생하는 공명 현상을 이용하는 첨단 진단 장치지.

라디오

전자레인지

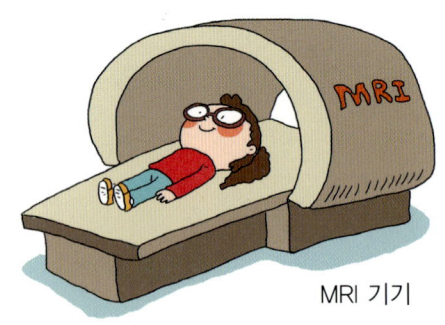
MRI 기기

〈공명 현상의 이용〉

 공명 현상이 일으킨 사건

때로는 공명 현상이 심각한 문제를 일으키기도 해.

1940년 미국 워싱턴 주에 당시 최고의 기술로 지어진 타코마 다리가 개통되었는데, 4개월 만에 어이없이 붕괴되는 사고가 발생했어. 이 다리는 엄청난 강풍에도 견딜 수 있게 설계되었지만, 어이없게도 시속 63㎞의 바람 때문에 무너지고 말았지. 바람의 진동수가 다리의 고유 진동수와 일치해 공명 현상을 일으켰고, 그 결과 진폭이 엄청나게 증가하면서 맥없이 무너져 내린 거야.

또 지난 2000년, 런던 밀레니엄 다리의 개막식에서는 참석한 2천여 명의 행인들이 동시에 발을 맞추어 걷는 바람에 다리가 심하게 흔들리는 사건이 발생했어. 결국 새로 개통된 현대식 교량은 즉각 폐쇄되고 말았지. 이 다리는 2년간의 보수 공사를 거친 후에야 재개통될 수 있었어.

2011년 우리나라에서도 서울 광진구에 있는 39층 건물이 갑작스런 진동으로 흔들려 대피하는 소동이 일어났어. 그리고 조사 결과, 4D 영화관과 헬스클럽에서 발생한 내부 진동이 건물 바닥의 고유 진동수와 같아서 생긴 공명 현상이 유력한 원인이라는 결론이 나왔지.

그러니까 생각해 봐. 오래된 건물에는 큰 이상이 없다는데, 진동은 거의 같은 시간에 며칠 동안 반복됐지. 그 시간에 6층 헬스클럽에서 태보를 했다는 걸 알고, 결국 건물의 고유 진동수와 운동 중 발생한 진동수가 일치해 일어난 공명 현상이 원인임을 밝혀낼 수 있었어.

핵심 과학 원리 | 어는점 내림 현상

사건2

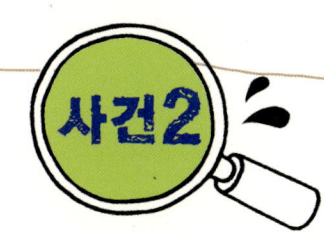

돌고래는 왜 죽었을까?

마을에 뭔가 안 좋은 일이 생긴 듯 사람들의 표정이 어두웠다.
궁금한 건 못 참는 어 형사가 물었다.
"무슨 일 있으세요?"

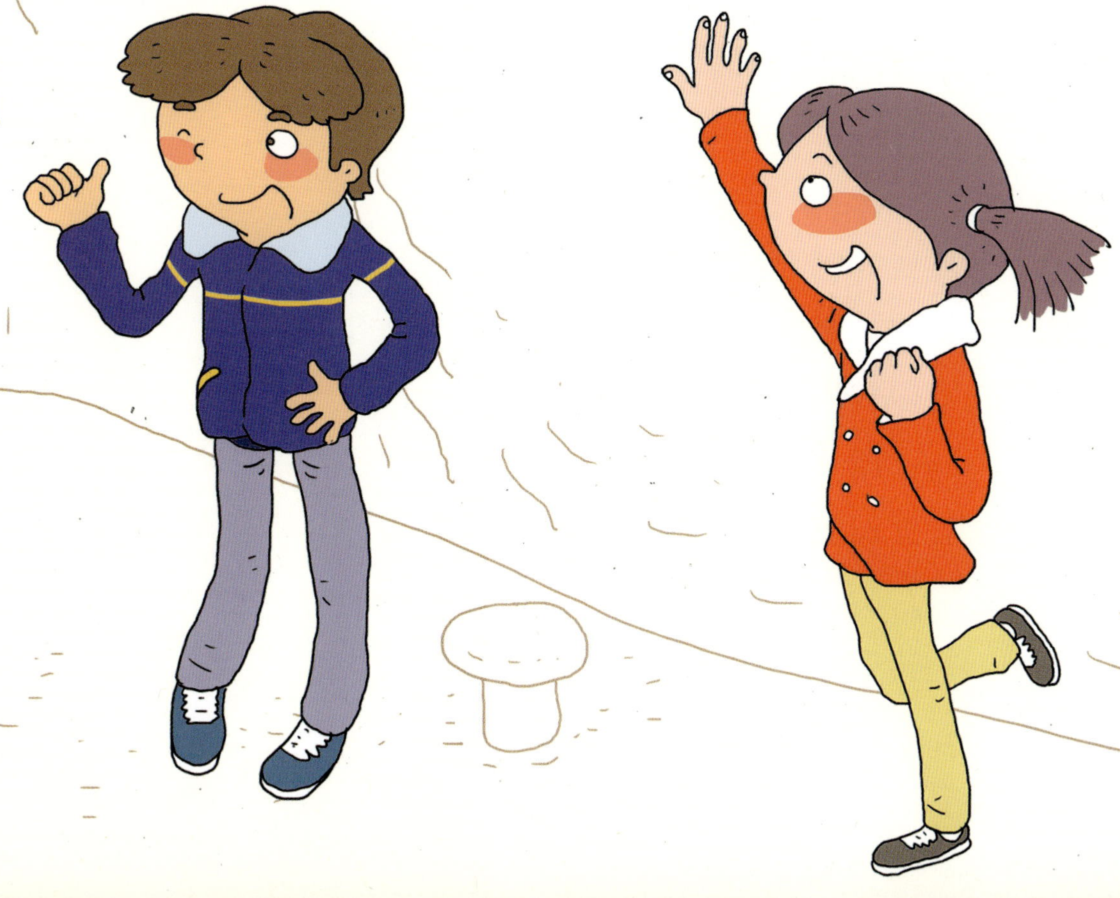

특별한 선물

드디어 일주일간의 마지막 기말고사가 무사히 끝났다. 그동안 집에도 못 가고 만날 공부만 했던 터라, 시험을 잘 치른 아이도 못 치른 아이도 해방감에 기분이 좋았다. 물론 졸업고사라는 더 큰 관문이 남아 있지만 그래도 잠시 동안의 여유는 누려도 되지 않을까?

"집에 가서 실컷 잠이나 자야겠다."

태양이가 말했다.

"난 그동안 못 본 만화책이나 실컷 봐야지. 헤헤헤."

철민이가 눈을 반짝반짝 빛냈다.

모두들 저마다의 계획에 들떠 집에 갈 준비를 하고 있는데, 어 형사가 나타났다. 그러고는 능청스러운 미소를 지으며 말했다.

"으흐흐흐. 시험 끝나서 좋지?"

"네!"

모두 소리 높여 대답했다.

"그래서 내가 특별한 선물을 하나 준비했지. 다들 짐 싸."

남우가 천진난만하게 대답했다.

"안 그래도 지금 집에 가려고 짐 싸고 있었어요."

"아니. 집 말고, 훈련 갈 짐 싸. 3박 4일."

"훈련이요? 무슨 훈련이요?"

갑작스런 소식에 모두들 어안이 벙벙해 되물었다. 훈련이라니, 아닌 밤중에 홍두깨 같은 말이었다.

"해병대 훈련. 너희들을 위해 특별히 준비한 선물이라니까. 어때? 재미있겠지? 히히히."

무슨 이런 끔찍한 선물이 다 있단 말인가. 마른하늘에 날벼락도 아니고. 이제껏 아무 말도 없다가 시험이 끝나자마자 훈련을 가는 것도 황당한데, 해병대 훈련이라니! 그것도 이 추운 겨울에!

"그러는 게 어디 있어요? 말씀 안 하셨잖아요?"

운동이가 억울한 듯 말하자, 어 형사가 능글능글 웃으며 대답했다.

"너희들 시험 보는데 신경 쓸까 봐 그랬지."

그러자 여기저기서 불만이 터져 나왔다.

"너무해요. 살려 주세요."

"해병대 말고 다른 데 가면 안 돼요?"

아우성치는 아이들의 말은 다 무시하고, 어 형사가 시계를 보더니 다급하게 말했다.

"어, 이러다 배 놓치겠다. 30분 후에 집합이다. 부모님께는 다 연락 드렸으니까 걱정 말고."

그러고는 쏜살같이 나가 버리는 것이었다. 정말 황당한 노릇이다. 철민이가 얼른 꾀를 부렸다.

"으아아, 갑자기 온몸이 으슬으슬한 게 감기에 걸린 것 같아."

그러자 가만있을 운동이가 아니다.

"난 배가 살살 아파. 밥을 급하게 먹어서 체했나?"

그때 다시 벌컥 열리는 문! 간 줄 알았던 어 형사가 불쑥 고개를 들이밀었다.

"아참, 다들 알고 있지? 이번 훈련, 학점에 포함되는 거. 훈련에 빠지면 졸업 이수 학점이 모자라서 졸업 못할 수도 있어. 그럼 빨리 내려와라."

너무나 슬픈 현실이다. 오랜만에 좀 맘 편히 쉬어 보려 했는데, 왜 형사 학교는 한시도 아이들을 가만두지 않는 것일까? 하지만 어쩌겠는가. 늦게 내려갔다가는 또 점수를 깎겠다고 나올 테니, 아이들은 황급히 짐을 챙겨 내려갔다.

그렇게 차에 실려 아이들은 해병대 훈련 캠프로 끌려가게 되었다. 칼바람이 부는 12월 하순, 그것도 민가는 한 채도 없고 해군 부대만 있다는 황량한 백서도로.

 돌고래의 떼죽음

차로 한 시간 반쯤 달려서 백서도로 떠나는 배가 있다는 서해 가시리에 도착했다. 시간은 3시 10분. 그런데 황당한 일이 벌어졌다. 오늘 마지막 배가 벌써 떠났다는 것.

"이상하다. 지난번에 전화로 여쭤 봤을 땐 분명히 4시에 마지막 배가 있다고 하셨잖아요."

울상이 된 어 형사. 그러자 매표소 직원이 대답했다.

"11월에 물어보신 거 아니에요? 그때는 4시에 배가 있었죠. 그런데 12월부터는 해가 일찍 져서 3시가 마지막 배예요."

돌고래는 왜 죽었을까? 55

어쩐지 어 형사가 차 안에서 자신의 철저한 준비성을 자랑할 때부터 불길하더라니. 철민이가 절호의 찬스를 놓치지 않고 말했다.

"어떡해요. 그냥 집에 가야겠네요."

운동이가 한술 더 떴다.

"아이, 난 해병대 캠프 꼭 가고 싶었는데."

그러자 어 형사가 대답했다.

"그래. 여기까지 왔는데 꼭 가야지. 걱정 마. 오늘 밤은 여기서 자고 내일 아침 첫 배로 들어가면 되지, 뭐."

헉! 모두 운동이에게 원망의 눈초리를 보내자, 운동이가 싹싹 비는 시늉을 했다. 할 수 없이 아이들은 가시리에서 하룻밤 묵을 곳을 찾기로 했다.

그런데 마을 입구에 들어서니, 사람들이 모여 웅성대고 있는 것이었다. 마을에 뭔가 안 좋은 일이 생긴 듯 사람들의 표정이 어두웠다. 궁금한 건 못 참는 어 형사가 물었다.

"무슨 일 있으세요?"

엉뚱하게 생긴 한 남자와 여덟 명의 아이들에게로 사람들의 시선이 쏠렸다. 한 아저씨가 물었다.

"어디서 오셨나요?"

그러자 어 형사가 얼른 명함을 내밀며 말했다.

"아, 네. 어린이 형사 학교 어수선 형사입니다. 이쪽은 형사 학교 학생들인데. 오늘 백서도 가려다 배가 끊겨서요."

옆에 있던 아주머니가 거들었다.

"아이고, 배는 아까 떠났지. 해병대 캠프 왔나 보네."

"네. 혹시 주변에 하룻밤 묵을 데 없을까요? 내일 첫 배를 타야 될 것 같아서요."

그러자 처음 말을 건넨 아저씨가 대답했다.

"내가 이 마을 이장입니다. 그런데 여긴 여행지가 아니라서 민박 같은 게 없어요."

"아, 네. 그렇군요."

이런! 정말 난감하게 됐다. 어쩌면 아이들에게는 잘된 일일 수도 있다. 잘 데가 없다는데 어 형사가 어떻게 하겠는가. 그런데 바로 그때, 끼어드는 아주머니.

"아유, 이장님 댁에 빈방 많잖아요. 거기서 좀 재워 주시면 되겠네."

어 형사가 얼른 이장의 손을 덥석 잡으며 말했다.

"아이고, 좀 부탁 드립니다."

"그, 그럼 그러시든지."

어떻게든 도망갈 수 있기를 그렇게 바랐건만, 결국 다시 원점. 이장이 어 형사와 아이들을 집으로 안내했다.

아이들이 짐을 푸는 사이, 어 형사가 이장에게 슬쩍 물었다.

"그런데 마을에 무슨 안 좋은 일이라도 생겼습니까? 아까 보니 분위기가……."

이장이 대답했다.

"상괭이 시체가 수십 마리 떠내려와서 지금 막 건져 내고 왔거든요."

"상괭이 시체요?"

"그렇다니까요. 어제도 열 마리 넘게 떠내려왔는데, 오늘은 글쎄 서른 마리도 넘더라고요. 도대체 이게 무슨 일인지……."

대화를 들은 화산이가 목소리를 낮추어 물었다.

"상괭이가 뭐야?"

태양이가 대답했다.

"쇠돌고랫과에 속하는 작은 돌고래야. 우리나라 서해와 남해에 많이 살

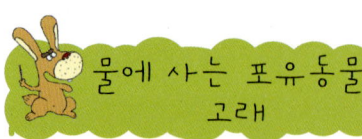

물에 사는 포유동물, 고래

인간을 비롯하여 소나 고양이 같이 새끼를 낳아 젖을 먹여 기르고 폐로 호흡하는 동물을 포유류라고 해. 반면에 물에 사는 어류는 알을 낳고 아가미로 호흡하지. 그런데 고래는 물속에서 살지만 포유류에 속해. 왜냐하면 폐로 호흡을 하고, 자궁 속에서 태아가 자라며, 배꼽을 가지고 있는 등 포유동물의 특징을 지니고 있기 때문이야. 고래류는 전 세계에 약 100여 종이 분포되어 있는데, 우리나라 근해에는 긴수염고래, 흰긴수염고래, 쇠정어리고래, 쇠고래를 비롯해 약 40여 종이 살고 있어.

고 있는데, 그물에 걸리거나 환경오염 등으로 그 수가 크게 줄어서, 국제적으로 멸종위기 동물로 보호되고 있어."

그런데 그 상괭이가 이틀에 걸쳐 떼죽음을 당했다? 아이들도 심상치 않은 일이라는 생각이 들었다. 태양이가 나서며 물었다.

"이장님, 상괭이 시체는 지금 어디 있나요? 저희가 봐도 될까요?"

"봐서 뭐하게. 썩은 것도 많아서 징그러워."

그러자 남우도 나섰다.

"그래도 좀 보고 싶어요."

이장은 참 별스럽다는 표정으로 아이들을 바라보았다. 어 형사가 나서며 말했다.

"저희 아이들이 좀 특이해요. 하하하."

도대체 칭찬인지 흉인지.

어 형사로부터 어린이 형사 학교에 대한 얘기를 들은 이장은 아이들을 상괭이 건져 놓은 곳으로 안내해 주었다.

그곳에는 족히 서른 마리는 넘을 만큼 많은 상괭이 시체가 모아져 있었고, 그중에는 죽은 지 며칠 지난 듯 부패된 것들도 꽤 있었다. 처참한 광경에 아이들은 숙연해졌다.

정말 이상한 일이다. 이렇게 상괭이들이 한꺼번에 떼죽음을 당하게 된 이유가 뭘까? 아이들은 정말 궁금해졌다. 태양이가 물었다.

"상괭이가 발견된 곳이 어디죠?"

이장이 대답했다.

"방조제에 열댓 마리 정도 떠내려왔고, 주민들이 쳐 놓은 그물에도 스무 마리 정도 걸렸지. 어제는 주로 그물에 많이 걸려 있었고."

그래서 면사무소에서 주민들을 동원하여 배를 띄워 상괭이 시체를 모두 건져 냈다는 것. 별이가 물었다.

"왜 이런 일이 일어난 거죠?"

그러자 이장이 격앙된 말투로 대답했다.

"이게 다 간척사업 한다고 방조제로 바닷물을 막아 놓으니까 벌어진 일이지."

그러고 보니, 가시리는 서해안 간척사업을 진행하고 있는 한만금 지역. 농사를 지을 수 있는 땅으로 개발하기 위해 방조제를 설치하고 바닷물을 가둔 상태라는 것.

"그러니 물이 오염될 수밖에 없지 않겠냐고."

이장이 한숨을 쉬며 말하자, 원소가 물었다.

"전에도 이런 일이 있었나요?"

"가끔 주민들이 쳐 놓은 그물에 상괭이가 한두 마리씩 걸리는 경우는 있었지. 또 지난해 기름 유출 사고 때도 대여섯 마리 떠올랐고. 하지만 이렇게 한꺼번에 떼죽음을 당한 적은 없었어."

그러자 철민이가 나서며 말했다.

"그럼 가만히 계시면 안 되죠. 정식으로 문제 제기를 하셔야 되는 거 아니에요?"

이장이 대답했다.

"그러잖아도 방조제 사업단에 가 보려던 참이야."

그길로 이장과 마을 주민들은 한만금 방조제 사업단으로 몰려갔다. 어 형사와 아이들도 엉겁결에 따라가게 되었다.

"방조제를 막아서 물을 가둬 놓으니까 물이 오염된 거 아닙니까?"
이장이 따져 묻자, 도리어 관계자들이 목소리를 높였다.
"지금 무슨 말씀하시는 겁니까? 방조제 안에서 물고기 잡는 거 불법인지 모르십니까? 그런데 거기에 그물을 쳐 놓으셨잖아요. 그러니 상괭이들이 그물에 걸려 죽은 거 아닙니까. 어제도 오늘도 그물에 걸려 발견된 상괭이가 몇 마리인데요."
"우린 바다에서 고기 잡아 먹고 사는 사람들이요. 그런데 맘대로 바다를 막아 놓고 고기 잡지 말라고 하면 우리는 다 굶어 죽으라는 겁니까?"
한 아저씨가 버럭 소리를 지르자 여기저기서 불만이 터져 나왔다.
"바닷물 다 막아 놓고 고기도 못 잡게 하더니, 이젠 상괭이까지 우리가 죽인 거라고?"
"보자 보자 하니까 누구를 보자기로 아나?"
이장이 정리를 하고 나섰다.
"물론 그전에도 상괭이가 그물에 걸리긴 했지만, 어쩌다 한두 마리였죠. 이렇게 한꺼번에 떼죽음을 당한 적은 없었잖아요."
그러자 관계자가 말했다.
"여하튼 이번 사건은 그물 때문에 일어난 것이 분명합니다. 오히려 우리 쪽에서 불법으로 그물을 친 사람들을 고발해야 한다, 이 말입니다. 아시겠어요?"

결국 의견 차이를 좁히지 못하고 한참 실랑이를 할 수밖에 없었다. 가시리 주민들 중 상당수가 어업으로 생활하고 있었는데, 간척사업을 한다고 방조제로 바닷물을 막고 방조제 안쪽 호수에서는 어업을 금지시켜 놓았다는 것. 그래서 그동안 먹고 살기 막막해진 어민들과 방조제 사업단 사이의 갈등이 끊이지 않았고, 몇몇 주민들은 방조제 안쪽에 그물을 쳐서 전어, 숭어 같은 물고기를 잡아 왔다는 것이었다.

그런데 이제는 그마저도 거의 불가능하다는 것. 물을 농사에 쓸 수 있는 물, 즉 소금기가 없는 담수로 만들기 위해 수문을 막고 바닷물의 양을 조절하는 내부 개발 공사를 하고 있다는데, 그 후로 그물을 걷을 때마다 나오는 어패류들은 거의 다 폐사된 상태라는 것이었다.

아까 소리 지른 아저씨가 말했다.

"그게 다 물이 오염되고 있다는 증거지, 또 무슨 증거가 필요합니까?"

"맞아요. 내부 개발 공사인가 뭐가 한다며 물 빼기 작업을 하고 나서부터 오염이 더 심해졌다니까요."

양쪽의 입장이 팽팽하게 맞서고 서로 고발하겠다고 언성이 높아지자, 어 형사가 중재안을 내놓았다.

"그럼 진짜 원인이 무엇인지 밝히는 방법밖에 없겠네요. 상괭이를 부검해 보는 건 어떻겠습니까?"

"부검요?"

모두들 깜짝 놀라 되물었다.

"네. 부검을 해 보면 상괭이가 죽은 원인을 밝힐 수 있을 겁니다. 만약 물이 오염되어 죽었다면 오염의 원인도 알아낼 수 있을 거예요."

주민들과 사업단 측은 어 형사의 제안에 동의했다. 태양이가 나서며 말했다.

"그럼 방조제 안쪽 물을 채취해서 오염도 검사도 해 보면 어떨까요?"

"그래. 그것도 좋겠네."

주민들이 여기저기서 찬성을 했다. 아이들은 곧바로 주민들의 배를 타고 나가 방조제 안쪽 여러 곳의 물을 채취했다. 그리고 채취한 물과 상괭이 시체 몇 구를 어 형사가 과학수사연구소에 보냈다.

결과는 내일 아침에 나온다고 했다. 예정에 없이 끼어든 일로 아이들은 깜깜한 밤이 되어서야 숙소로 돌아갈 수 있었다.

 예상치 못한 결과

다음 날 아침, 물 오염도 검사 결과가 먼저 나왔다. 어 형사가 결과를 말해 주었다.

"생화학적 산소 요구량이 평균보다 높은 수치이고, 물속 부유 물질, 수질 상태 등을 검사한 결과, 이전에 비해 방조제 안쪽 물의 오염이 상당히 진행되고 있다는 결과가 나왔어."

그러자 이장이 당연한 결과라는 듯 말했다.

"그것 보라니까. 최근에 물이 오염되고 있는 게 눈으로도 뻔히 보이는데 그걸 아니라고 우기고 있으니, 참."

그러자 철민이가 의견을 냈다.

"그럼 물이 오염돼 어패류가 죽으니까 먹이가 부족해져서 상괭이들도 죽은 거 아닐까요?"

남우도 자신의 의견을 말했다.

"그랬을 가능성도 있고, 오염된 물을 마시고 세균 등에 감염되어 죽었을 수도 있어요."

어 형사가 말했다.

"부검 결과가 나오면 확실해지겠지."

아이들이 아침을 먹고 11시에 떠나는 배를 타기 위해 준비하고 있는데, 드디어 부검 결과가 나왔다.

"사인이 질식사래."

"질식사요?"

그렇다면 숨을 못 쉬어서 죽었다는 말?

"그럼 예상대로네. 물이 오염되어 있으니까 물속에 녹아 있는 산소가 부족해 질식사한 거잖아."

수질 오염 측정 방법

수질 오염을 측정하는 방법은 여러 가지가 있어. 용존산소량(DO)을 측정하는 방법은 물속에 녹아 있는 산소의 양을 측정하는 것으로, 값이 클수록 깨끗한 물이야. 생화학적 산소 요구량(BOD)은 미생물이 물속에 포함된 유기물을 분해하는 데 필요한 산소의 양을 뜻하는 것으로, 값이 클수록 미생물이 많다는 의미, 즉 오염이 됐다는 뜻이지. 또 화학적 산소 요구량(COD)은 물속에 녹아 있는 각종 오염물(화학적 물질)이 산화할 때 필요한 산소의 양을 측정하는 것으로, 오염 물질이 많을수록 수치가 높게 나오지.

화산이의 말에 태양이가 고개를 저었다.

"상괭이는 포유류니까 폐로 숨을 쉬지. 물고기처럼 아가미로 숨을 쉬는 동물은 물을 마셔서 물속에 녹아 있는 산소를 이용해 호흡을 하지만, 고래는 물고기와 달리 폐로 호흡을 하기 때문에 물 밖으로 나와서 숨을 쉬어."

그러자 남우가 덧붙여 말했다.

"맞아. 상괭이의 경우 최대 3분 내지 5분까지 잠수할 수 있지만, 보통 1분에 세 번 정도 물 밖으로 숨을 쉬러 나온대."

별이가 고개를 갸우뚱하며 말했다.

"그럼 물속에 산소가 부족해서 질식사한 건 아니라는 얘기네."

"그렇지."

남우가 대답했다. 어 형사가 말을 이었다.

"그리고 위 안에서 숭어랑 오징어류, 줄새우 등이 나왔고, 피하지방 두께도 6센티미터쯤 되는 건강한 상태였대. 또 세균과 기생충 검사도 모두 음성이었고. 결국 상괭이들은 굶어 죽은 것도, 세균 감염 때문에 죽은 것도 아니라는 얘기지."

태양이가 말했다.

"결과를 종합해 보면, 물이 오염되어 있긴 하지만 사망의 직접적인 원인은 아니라는 거네요."

"그러면 왜 질식사를 한 거지?"

남우의 질문에 운동이가 자신의 추리를 내놓았다.

"어민들이 쳐 놓은 그물 때문에 물 위로 올라가지 못해서 질식사한 거 아닐까?"

그러자 이장이 펄쩍 뛰며 말했다.

"아유, 그건 말도 안 돼. 그물을 그 넓은 곳에 다 쳐 놓은 것도 아니고, 한두 마리 걸려 죽는 건 가능해도 그물 때문에 수십 마리씩 떼로 죽을 수는 없어."

그건 그렇다. 그렇다면 도대체 이유가 뭐란 말인가?

검사 결과는 방조제 사업단에도 전달됐다. 사인이 질식사라고 하자, 역시 어민들이 쳐 놓은 그물 탓을 했다.

"이제 분명해졌네요. 상괭이들이 그물에 걸려서 물 밖으로 못 나오니까 숨 막혀 죽은 거죠."

지금으로서는 주민들도 더 이상 할 말이

없었다. 물이 오염된 것은 틀림없는 사실이지만, 그로 인해 상괭이가 먹이를 구하지 못했다거나 세균 감염 때문에 사망한 것은 아니니, 물 오염이 직접적인 사인이라고 할 수는 없는 상황. 별이가 의문을 제기했다.

"하지만 상괭이들이 그물에 걸려 질식사한 거라면 전부 그물에 걸린 채로 발견되었어야 하는 것 아닌가요? 그런데 방조제에 걸려 발견된 것들도 꽤 있다면서요? 그건 어떻게 설명하실 거예요?"

그러자 담당자가 자신 있게 말했다.

"그야 수문으로 물을 뺄 때 조류에 쓸려서 방조제까지 밀려온 거지."

그러니까 상괭이는 그물에 걸려 죽었는데, 수문으로 빠져나가는 바닷물의 거센 조류에 의해 방조제 쪽으로 밀려가 거기서 발견됐다는 말.

"상괭이 시체 중에 부패된 것도 꽤 있었지? 그물에 걸려서 옴짝달싹 못하고 있었으니까 그동안 썩은 거라고."

일리 있는 말이다. 하지만 주민들은 아직도 억울한 표정. 어제 언성을 높이던 아저씨가 나섰다.

"방조제 안쪽 물이 상당히 오염됐다는 결과가 나왔어요. 그러니까 이렇게 은근슬쩍 넘어가려 하지 말고, 환경부에 의뢰해서 보다 정확한 원인을 찾아내야 할 거 아닙니까?"

담당자도 버럭 소리를 질렀다.

"매달 환경부에서 감사 나오고요, 저희도 할 만큼 다 합니다. 괜히 불법으로 그물 쳐 놓았다가 걸리니까 발뺌하지 마세요."

검사 결과를 각자의 입장에서 해석하다 보니, 어제보다 더 격렬하게 고성이 오가는 상황이 되고 말았다. 죽은 자는 말이 없다고, 죽은 상괭이들 또한 말이 없으니, 이를 어찌한단 말인가.

아이들은 아무런 도움이 되지 못한 것 같아 속상했다. 특히 남우와 태양이는 더 마음이 아팠다. 그렇게 많은 상괭이들이 한꺼번에 떼죽음을 당했다면 분명히 서식지에 큰 문제가 발생한 것이 분명하다. 그러나 정확히 어떤 문제가 발생했고, 또 무엇 때문에 발생했는지 알 수가 없으니, 그저 답답할 뿐이었다.

여하튼 방조제가 생기기 전에는 마음껏 헤엄치고 다녔을 상괭이들이 인간이 막아 놓은 방조제 때문에 큰 변을 당한 것은 분명한 사실. 직접적인 원인이 무엇이든 간에 인간의 이기심으로 인해 환경이 파괴되고 생태계의 질서가 무너지고 있는 것인데, 인간들은 자기는 잘못이 없다고 서로 책임을 떠넘기며 싸움만 하고 있으니, 정말 한심한 노릇이 아닐 수 없다.

 원인을 찾아내다

어느새 배가 떠날 11시가 다가왔다. 아쉽고 찜찜한 마음이지만 아이들은 짐을 챙겨 선착장으로 향했다.

그런데 어디선가 왁자지껄 시끄러운 소리가 들렸다. 소리 나는 곳을 보니, 추수가 끝난 겨울 논에 물을 대어 만든 간이 썰매장이었다. 동네 아이들이 모여 신 나게 썰매를 타고 있는데 어찌나 재미있어 보이던지.

"진짜 재밌겠다!"

아이들의 얼굴에 마냥 부러운 표정이 가득했다. 캠프고 뭐고 다 집어치우고 신 나게 썰매나 타고 싶은 마음이 굴뚝같았다. 아이들의 마음을 눈치챈 어 형사가 더 약을 올렸다.

"와, 썰매 재밌겠다. 너희들 데려다 주고 난 눈썰매장이나 가야지."

철민이가 황당한 표정으로 물었다.

"어 형사님, 저희랑 같이 계시는 거 아니에요?"

"무슨 소리! 거기는 훌륭하신 해병대 교관님이 계시잖아. 난 너희들이 훈련 잘 받고 살아남아 있으면 그때 데리러 갈 거야."

"그러는 게 어디 있어요!"

아이들이 소리를 질렀다.

"헉! 잘못하다가는 또 배 놓치겠다. 빨리 가자."

아이들의 원성에 어 형사가 재빨리 말을 돌렸다. 아이들은 도살장에 끌려가는 소처럼 다시 무거운 발걸음을 뗐다.

그런데 바로 그때였다.

"잠깐!"

철민이가 갑자기 멈춰 서며 소리쳤다.

"배 안 타려고 일부러 시간 끄는 거지? 소용없어."

어 형사가 짐짓 엄한 표정을 짓자, 철민이는 고개를 저으며 말했다.

"그게 아니고요, 혹시 바다가 얼었던 건 아닐까요?"

"바다가 어떻게 얼어. 여기는 논바닥이라 언 거지."

운동이가 황당하다는 듯 말했다. 그러자 철민이가 설명했다.

"아니. 생각해 봐. 지난주에 엄청 추웠잖아. 40년 만의 강추위라고 난리였잖아. 그때 혹시 방조제 안쪽 바다가 얼었던 것은 아닐까?"

그러자 태양이가 의문을 제기했다.

"바다도 얼어? 바다는 안 얼지 않나?"

화산이도 맞장구를 쳤다.

"맞아. 나도 바다가 얼었다는 소리는 못 들어 봤는데."

그러자 원소가 의견을 말했다.

"극지방이 아닌 곳에서 바다가 어는 건 극히 드문 일이야. 바닷물에는 소금이 녹아 있기 때문이지. 순수한 물은 0도에서 얼지만, 소금 같은 물질이 녹아 있으면 어는점이 내려가는데 이를 '어는점 내림'이라고 해. 소금이 많이 녹아 있을수록 어는 온도는 더 낮아지지."

철민이가 덧붙여 말했다.

"그래. 바닷물은 염분이 3퍼센트 정도 녹아 있기 때문에 대략 영하 2도 이하로 내려가야 얼음이 얼 수 있어. 하지만 바닷물은 양이 많은 데다 항상 파도가 치기 때문에, 적어도 영하 20도 이하의 날씨가 계속돼야 얼음이 얼 수 있지."

"그런데 바다가 얼었을 거라니, 무슨 말이야?"

별이가 묻자 철민이가 다시 대답했다.

"어제 그랬잖아. 방조제 안쪽에서 물 빼기 작업을 했다고. 민물과 섞이면서 상대적으로 바닷물의 양이 줄어들면, 당연히 소금의 농도가 낮아졌을 거 아니야."

그러자 원소도 확신이 드는 표정으로 말했다.

"소금의 농도가 낮아지면 바닷물이라도 얼 수 있는 조건이 돼. 게다가 물을 가둬 두었으니까 파도도 거의 치지 않았을 거야. 철민이 네 말대로 충분히 가능한 일이야."

방조제 안쪽에 물을 가둬 두고 민물과 섞어 담수화시키는 과정에서 바닷물을 이전보다 많이 빼서 그 양을 줄인다면, 당연히 소금의 농도는 낮아졌을 것이다. 또 방조제로 인해 물이 가로막히면서 밀물과 썰물의 차이가 없어지고, 파도도 거의 치지 않으니까 얼음이 얼기 쉬운 상태가 됐을 것.

"확인해 보자."

태양이가 썰매를 타고 있는 아이들에게 다가가 물었다.

"혹시 지난주에 여기도 추웠니?"

그러자 한 아이가 대답했다.

"응. 월요일부터 수요일까지 엄청 추웠어."

철민이가 물었다.

"그럼 그때 혹시 방조제 안쪽 바다가 얼었었니?"

아이들은 잘 생각이 나지 않는 듯 고개를 갸우뚱했다. 잠시 후 한 아이가 무언가 떠오른 듯 대답했다.

"맞아, 얼었었어. 그래서 우리 아빠가 고기잡이 나가려다가 못 나가셨어. 바다가 얼었다고."

그렇다면 확실하다. 남우가 말했다.

"상괭이는 물 위로 올라와서 호흡을 해야 되는데, 얼음이 얼어 있었다면 올라오지 못했을 거야. 그래서 질식사한 거겠지."

어 형사가 잠시 생각한 후 말했다.

"일단 이장님께 한 번 더 확인해 보자."

"배 떠날 시간 다 됐는데요."

별이가 얼른 시계를 보며 말했다.

"3시 배도 있잖아."

어 형사의 쿨한 대답. 그럼 그렇지. 여기까지 온 이상 아이들을 해병대 캠프에 꼭 보내고야 말겠다는 저 의지. 그렇게 해서 또다시 배 타는 시간은 미뤄지게 되었다.

아이들은 곧 이장님 댁으로 가서 답을 들을 수 있었다.

"맞아. 방조제 안쪽으로 바닷물이 꽤 많이 얼었었지. 한 3분의 1 정도는 얼었을걸. 나도 바다 언 건 처음 봤다니까."

"얼마 동안이나 얼어 있었나요?"

"월요일부터 엄청 추웠는데, 화요일 아침에 나가 보니까 얼었더라고. 목요일 아침 정도까지는 꽁꽁 얼어 있었던 것 같아. 목요일 오후부터 날씨가 풀리면서 서서히 녹아서 금요일쯤 다 녹았지, 아마."

그렇다면 최소한 이틀은 꼬박 얼어 있었다는 말. 아이들과 이장님은 곧바로 한만금 방조제 사업단 담당자를 만났다. 어 형사가 물었다.

"물 빼기 작업이 언제부터 진행됐죠?"

"올 여름부터요."

여름부터 한만금 호의 수위를 해수면보다 1.6미터 낮게 유지하기 위해 썰물 때 수문을 열고 밀물 때 수문을 막는 방법으로 수위를 낮춰 왔다는 것이었다. 어 형사가 다시 물었다.

"지난주에 방조제 안쪽 바다가 언 것은 보셨나요?"

"네. 그런데 그게 이번 상괭이 사건이랑 무슨 상관이 있습니까?"

철민이와 원소가 자세히 설명했지만, 담당자는 고개를 저었다.

"말도 안 돼. 아직 그렇게까지 담수화가 진행되진 않았어."

"그럼 물을 채취해서 염도를 조사해 보는 건 어떨까요?"

어 형사가 제안하자, 결국 담당자도 동의했다.

보통 전반적인 바닷물의 염도는 3.1 내지 3.8퍼센트. 조사를 해 보니, 방조제 바깥쪽 바닷물의 염도는 3.2퍼센트가 나왔다. 그런데 방조제 안쪽의 염도는 곳에 따라 다르지만 3.2퍼센트보다 훨씬 낮은 1.5 내지 2.5퍼센트라는 결과가 나왔다. 데이터를 보더니, 방조제 사업단도 수긍할 수밖에 없었다.

결국 상괭이들이 떼죽음을 당한 것은 방조제 안쪽의 담수화로 인해 호수의 일부가 얼어서 일어난 참사임이 밝혀졌다. 이는 방조제 안쪽의 생물 서식 환경이 점점 악화되고 있다는 분명한 증거. 결국 인간의 이기심이 생물들을 무차별적으로 죽이고, 그들의 서식 환경을 빼앗고 있는 것이었다.

우리는 언제나 개발과 보전을 놓고 고민한다. 하지만 인간만 살겠다고 추진하는 개발은 결국 어떤 재앙으로 우리에게 다시 돌아올지 모르는 일. 인간과 자연을 함께 생각하고 더불어 살 수 있는 방법을 찾는 것만이 우리가 살아남을 수 있는 길임을 잊지 말아야 할 것이다.

"감사합니다. 덕분에 누명을 벗었어요."

마을 사람들이 어 형사와 아이들에게 감사 인사를 했다.

이장이 말했다.

"되도록 동식물의 피해를 최소화할 수 있도록 환경부에 철저한 조사와 감독을 요청할 예정입니다."

이미 상당 부분 간척사업이 진행됐기 때문에 원래대로 되돌릴 수는 없는 상황. 하지만 지금부터라도 생태계를 보존하고 자연과 함께 더불어 살 수 있는 방법을 모색하는 것은 꼭 필요한 일일 것이다.

 지옥에서 살아남기

그나저나 버티고 버티다가 결국은 해병대 캠프에 끌려가게 된 아이들. 배가 출발하자 벌써부터 속이 울렁거렸다. 앞으로 3박 4일을 어떻게 견딜 수 있을까? 과연 다시 살아 돌아올 수 있을까?

3시 배를 타고 한 시간 남짓 바다를 달려 아이들은 드디어 해군 기지가 있는 백서도에 도착했다. 백서도 선착장에 아이들을 마중 나온 사람은 말로만 듣던 바로 그 해병대 교관. 검게 그을린 피부에 떡 벌어진 어깨, 각진 모자 밑에서 번뜩이는 날카로운 눈빛. 앞으로 어떤 일이 벌어질지 아이들은 짐작을 하고도 남을 것 같았다. 어 형사가 교관과 눈인사를 하더니 아이들을 향해 말했다.

"자, 이분이 바로 3박 4일 동안 너희들의 훈련을 맡아 주실 해병대 교관, 김영광 소위님이시다."

"안녕하세요?"

아이들은 잔뜩 겁을 먹어서 어리바리하게 인사를 했다. 그런데 되돌아오는 쩌렁쩌렁한 목소리.

"안녕하십니까? 만나서 반갑습니다!"

목소리가 어찌나 큰지 아이들은 물론 어 형사까지 움찔할 정도. 어 형사가 말했다.

"그, 그럼 잘 부탁 드립니다. 얘들아, 나 간다. 어린이 형사 학교의 명예를 걸고 잘 버텨라."

이런, 정말 혼자만 쏙 빠져나가겠다는 말인가. 아이들이 원망의 눈빛을 보내자 어 형사는 얼른 뒷걸음질치며 말했다.

"배가 떠나려 하네. 그럼 살아 있기를 빈다."

그러고는 쏜살같이 배에 올라타는 것이었다. 아이들만 지옥에 떨어뜨려 놓고 혼자만 살겠다고 도망치는 어 형사의 뒷모습에 아이들은 배신감을 느꼈다. 그런데 바로 그때였다.

"지금 뭐하시는 겁니까? 스승님이 가시는데 인사 안 하십니까?"

교관이 꼬박꼬박 존댓말까지 써 가며 소리를 지르니, 아이들은 저도 모르게 어 형사를 향해 꾸벅 인사를 했다. 그것도 아주 큰 소리로.

"안녕히 가십시오!"

교관은 또다시 우렁찬 목소리로 명령했다.

"자, 그럼 연병장까지 뛰어갑니다. 출발!"

드디어 훈련이 시작된 것이다. 말이 떨어지기가 무섭게 눈썹을 휘날리며 뛰어가는 아이들. 역시 해병대의 위력은 대단하다.

그 후의 훈련은 말할 것도 없이 고되고 힘든 시간의 연속이었다. 새벽 6시부터 시작된 훈련은 저녁 7시나 되어서야 끝났는데, 유격훈련은 물론이요, 공수기초훈련, 상륙용 고무보트 훈련, 상륙돌격장갑차 탑승, 게다가 한밤중엔 담력훈련에, 마지막 정점을 찍는 지옥훈련까지.

40년 만의 한파라는 호된 추위에, 섬이라 바닷바람까지 거세게 불어 대니, 눈물 쏙 빠지게 추웠다. 말 그대로 3박 4일간 완전히 지옥에 빠진 느낌. 여기서 살아 나가는 방법은 무조건 열심히 하는 것뿐이었다.

그렇지만 우리 어린이 형사 학교 학생들이 보통 아이들은 아니지 않은가. 평소 안 형사의 무지막지한 체력 훈련에 철저히 단련되어 있고, 어 형사의 깐죽거림에도 절대 굴하지 않는 꿋꿋함, 그리고 정 형사의 날카로운 비판에도 절대 겁먹지 않는 강심장을 가지고 있는 최정예 요원들이 아니던가.

게다가 절대 혼자 행동하지 않고 똘똘 뭉쳐 어려움을 함께 헤쳐 나가니, 단 한 명의 낙오자도 없이 모두 무사히 훈련을 마칠 수 있었다.

 ## 철민이가 들려주는 사건 해결의 열쇠

바닷가에서 일어난 상괭이들의 떼죽음 사건. 죽음의 원인을 밝혀낼 수 있었던 것은 '물질의 상태 변화'와 '어는점 내림'에 대해 잘 알았기 때문이야.

💡 물질의 상태 변화와 어는점

물질은 세 가지 상태, 즉 고체, 액체, 기체 상태로 존재해. 물의 경우 고체인 얼음, 액체인 물, 기체인 수증기, 이렇게 세 가지 상태로 존재하지. 그리고 열을 얻어 고체에서 액체로, 또는 열을 빼앗겨 기체에서 액체로, 각각의 상태가 변하는 것을 '상태 변화'라고 해. 상태 변화는 열과 압력에 의해 일어나는데, 상태 변화를 일으키는 온도는 각 물질마다 달라.

액체에서 기체로 상태 변화를 일으키거나 기체에서 액체로 상태 변화를 일으키는 온도를 '끓는점'이라고 해. 그리고 액체에서 고체로, 또는 고체에

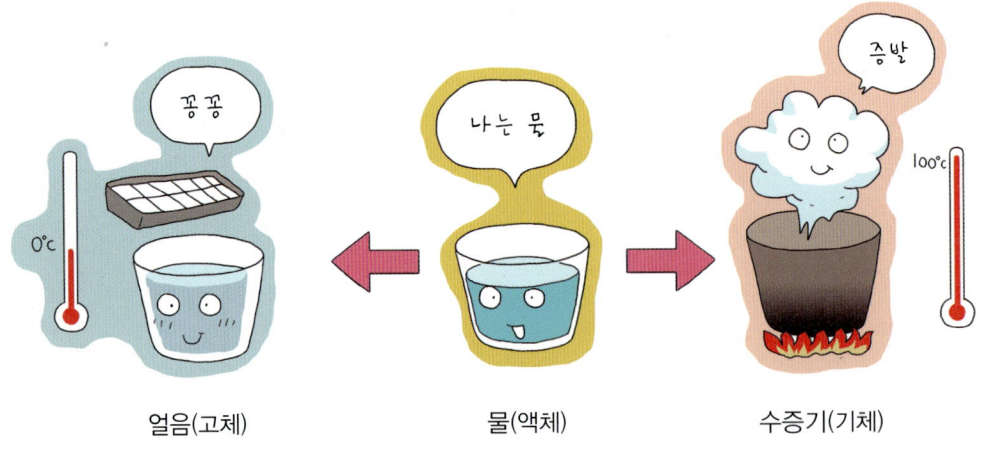

〈물의 상태 변화〉

서 액체로 상태 변화를 일으키는 온도를 '어는점'이라고 하지.

순수한 물의 경우, 끓는점은 100℃야. 그러니까 액체인 물은 100℃가 되어야 기체인 수증기가 될 수 있지. 또 물의 어는점은 0℃야. 즉 물이 얼음이 되거나, 얼음이 물이 되는 상태 변화는 0℃에서 일어나지.

💡 어는점 내림이란?

그런데 물속에 소금이나 설탕 같은 비휘발성 용질이 녹아 있으면, 물의 어는점은 0℃보다 낮아져. 이러한 현상을 '어는점 내림'이라고 해. 다시 말해 순수한 물은 0℃에서 얼지만 소금물이나 설탕물은 0℃보다 더 낮은 온도가 되어야만 언다는 거야.

물이 얼음이 되는 상태 변화는 물 분자가 서로 단단히 결합해 일정한 모양(결정)을 만드는 것인데, 물속에 녹아 있는 소금이나 설탕 같은 용질이 물 분자의 결합을 방해하기 때문이지.

'어는점 내림' 현상은 용액 속에 녹아 있는 용질의 입자 수에 따라 달라지는데, 용질이 많이 녹아 있을수록 '어는점 내림' 현상은 더 커져. 즉 농도가 진한 소금물일수록 더 낮은 온도에서 얼게 된다는 거지.

바닷물이 소금물이라는 것은 다 알고 있을 거야. 물속에 소금이라는 용질이 녹아 있기 때문에 바닷물은 0℃가 되어도 얼지 않아. 바로 '어는점 내림' 현상 때문이야.

바닷물은 염분이 3% 정도 녹아 있어서 대략 영하 2℃ 이하로 내려가야 얼음이 얼 수 있어. 하지만 실제로 바닷물은 영하 20℃ 이하는 돼야 얼기 시작해. 왜냐하면 바닷물의 양이 워낙 많고, 계속 파도가 치기 때문이지. 얼음이 얼려면 표면이 비교적 잔잔해야 되거든.

그러니까 날씨가 엄청 추워서 강물이나 시냇물이 꽁꽁 얼어도 바닷물이 어는 현상은 좀처럼 볼 수가 없는 거지.

〈어는점 내림 현상〉

💡 어는점 내림 현상의 이용

우리 주변에서도 어는점 내림 현상을 이용하는 경우가 많아.

겨울에 장독대의 물은 얼어도 간장은 얼지 않지. 간장에는 소금이 많이 포함되어 있어서 어는점이 내려가기 때문이야. 또 겨울철 자동차에 부동액을 넣는 것도 어는점을 낮추어 냉각수가 얼지 못하게 하기 위해서야.

눈이 오면 소금이나 염화칼슘 등을 뿌려 눈을 녹이는 것도 어는점 내림 현상을 이용하는 것이지. 소금이나 염화칼슘이 물과 만나면 열이 발생하는데, 이 열이 눈과 얼음을 녹이는 거야. 또 물속에 소금이나 염화칼슘이 포함되어 있으면 어는점이 낮아져 쉽게 얼지 않게 되니까, 길이 얼음판으로 변하는 것을 방지할 수 있지.

〈염화칼슘을 이용한 제설 작업〉

 그러니까 생각해 봐. 갑작스런 상괭이들의 떼죽음. 부검 결과 질식사라는 결론이 나왔는데, 그 원인을 밝히기가 쉽지 않았지. 그러던 차에 방조제로 바닷물의 수위를 낮췄고, 그로 인해 방조제 안쪽의 염도가 낮아져 바다가 얼었었다는 사실을 알게 되었어. 그 때문에 결국 상괭이들이 물 밖으로 나오지 못해 질식사했다는 것을 알아낸 거지.

핵심 과학 원리 | 물의 순환과 서리

사건 3

누가 도둑일까?

박 교장이 막 주인집 앞을 지나가는데, 주인 아저씨가 얼굴이 하얗게 질려서 집 주변을 둘러보고 있는 것이었다. 뭔가 큰일이 생긴 것 같은 표정. 박 교장은 순간 형사로서의 감이 발동했다.

 ## 지옥에서 천국으로

 드디어 3박 4일간의 해병대 캠프 일정이 모두 끝나고 수료식만 남았다. 아이들 모두 군기가 바짝 든 상태로 수료식을 준비하고 있었다.
 그런데 저 멀리서 걸어오는 사람들이 있었으니, 하나같이 낯익은 얼굴들. 이게 누군가. 아이들을 지옥에 내려놓고 쏜살같이 도망갔던 어 형사뿐 아니라 박 교장과 정 형사, 그리고 안 형사까지 와 준 것이었다. 3박 4일 내내 원망도 많이 했건만 아이들은 저도 모르게 눈물이 나기 시작했다. 마치 오랜만에 가족을 만난 느낌이랄까. 지옥에서 살아 나가는 것이 현실로 느껴지면서 감격의 눈물이 흘렀다.
 고생한 흔적이 역력한 아이들의 모습을 본 형사들은 마음이 좀 아팠지만 그래도 잘 이겨 낸 아이들이 대견했다. 한 사람의 낙오자도 없이 사단장 표창장까지 받고 무사히 수료식을 마칠 수 있었으니, 정말 대단한 아이들이라는 생각에 형사들도 코끝이 찡했다.

뭍으로 가는 배에 오르자마자 아이들은 일제히 어 형사에게 원망의 말을 쏟아붓기 시작했다.

"저희가 얼마나 힘들었는지 아세요? 어 형사님, 정말 너무하세요."

"지옥이 따로 있는 게 아니라 여기가 지옥이구나, 하는 생각이 절로 들더라니까요."

"저는 어 형사님 다시 만나 복수할 생각으로 참았어요."

서늘한 수리의 말에 움찔하는 어 형사. 박 교장과 정 형사, 안 형사는 재미있어 죽겠다는 표정. 정말 너무들 하신다. 어 형사가 아이들을 달래려는 듯 말했다.

"고생한 너희들을 위해 특별히 준비한 선물이 있지."

"어 형사님 선물은 사양할래요."

"이번엔 또 어디로 보내시려고요?"

그러자 어 형사가 박 교장에게 도움을 청했다.

"쌤, 애들이 제 말을 안 믿어요."

박 교장이 아이들 편을 들었다.

"안 믿을 만도 한데, 뭘. 내가 그랬잖아. 해병대는 좀 세다고."

박 교장이 발뺌을 하자, 어 형사가 억울한 듯 말했다.

"그래도 최종 결정은 쌤이 하셨잖아요. 얘들아, 너희들 해병대 캠프 보낸 거 내 탓만 하지 마라. 여기 교장 쌤부터 시작해서 정 형사, 안 형사, 다들 정말 좋은 생각이라고 찬성했어."

그러자 정 형사가 펄쩍 뛰며 말했다.

"무슨 소리예요? 난 특전사 캠프 보내자고 했는데."

헉! 특전사 캠프. 정 형사는 한술 더 떴다는 말. 어 형사가 얼른 꼬투리를 잡고 늘어졌다.

"들었지? 정 형사가 특전사 캠프 보내자는 걸 내가 극구 말려서 해병대 캠프 보낸 거야."

그러자 안 형사가 말했다.

"해병대나 특전사나 거기서 거기죠, 뭐."

"에휴, 우리가 믿고 따르는 분들이 자나 깨나 우리를 고생시킬 궁리만 하시는 이 불편한 진실. 우리는 대체 누굴 믿어야 하나요?"

운동이의 장난스런 말에 어 형사가 운동이의 어깨를 두드리며 말했다.

"운동아, 세상이 원래 그런 거다."

"하하하!"

모두 웃음이 터졌다.

"이번엔 내가 준비한 선물이니까 걱정 안 해도 돼."

박 교장이 말했다.

"뭔데요?"

철민이가 잔뜩 기대되는 표정으로 물었다. 정 형사가 대답했다.

"놀러 가는 거야. 근처에 펜션 잡아 놨으니까 거기 가서 하룻밤 자고 가자고. 맛있는 것도 먹고."

"정말요? 야호!"

좋아서 난리가 났다. 역시 순진한 아이들. 놀러 간다는 말 한마디에 그동안 고생한 건 한순간에 잊어버리니 말이다.

어느새 배는 가시리에 도착했다. 차로 바꿔 탄 후, 한 시간쯤 달려 희망산 아래에 위치한 펜션에 도착했다. 예쁘게 지은 이층집 다섯 동이 주변 풍경과 어우러져 있는 곳이었다. 아, 여기가 바로 천국이 아니고 무엇이겠는가.

"너희한테는 아무것도 안 시킬 테니까 무조건 놀아, 알았지?"

어 형사가 말했다.

"네!"

다들 큰 소리로 대답하고는 방을 구경하러 펜션 안으로 뛰어 들어갔다. 그런데 신 나게 놀아야지 하는 마음과는 다르게, 따뜻하고 아늑한 방 안에 들어가자마자 온몸이 노곤해지며 도저히 다시 일어날 수가 없는 것이었다. 결국 모두 그대로 잠이 들어 버렸다. 그렇게 어둑어둑해질 때까지 자다가 어 형사가 깨우는 소리에 아이들이 일어난 시간은 저녁 6시 무렵.

"일어나서 밥 먹어라."

비몽사몽 덜 깬 상태로 주인집으로 가니, 고기와 산나물로 맛깔스럽게 차린 밥상이 준비되어 있었다. 모두 맛있게 뚝딱 비우고, 두런두런 이야기를 나누며 숙소로 돌아왔다. 돌아오면서 보니 다른 세 집에도 불이 켜져 있었다. 겨울인데도 펜션이 만원인 듯했다.

아이들은 피곤했는지 방으로 돌아가 잠깐 얘기하는 소리가 들리더니 이내 다시 잠으로 빠져들었다. 위층 아이들 방에 올라갔다가 내려온 어 형사가 황당하다는 듯 말했다.

"쟤들, 또 자네."

"피곤하기도 하겠죠."

정 형사의 말에 안 형사가 고개를 끄덕였다.

"당연하죠. 저도 대학 3학년 때 해병대 캠프 다녀와서 사흘을 꼼짝 못했다니까요."

"난 일주일. 기가 다 빠져나가서 완전 시체처럼 지냈다니까. 호호."

정 형사가 맞장구를 치자 어 형사가 거드름을 피우며 말했다.

"쯧쯧. 체력이 저질이군. 난 그다음 날 바로 학교 나갔는데."

그러자 정 형사가 황당한 표정으로 대꾸했다.

"무슨 소리세요. 선배 그때 담력 훈련 나갔다가 낙오돼서 수료증 못 받을 뻔했던 거 다 알거든요."

"헤헤, 그걸 또 기억하냐. 쩝쩝."

민망한 어 형사. 그러자 안 형사가 어 형사 들으라는 듯 말했다.

"그러고 보니, 애들이 우리보다 낫네요. 한 명도 낙오되지 않고 멋지게 해냈잖아요."

"그럼, 우리 애들이 누군데."

박 교장이 흐뭇한 미소를 지으며 말하자 어 형사가 억울하다는 듯 항의했다.

"저한테도 우리 애들이거든요. 쌤은 만날 좋은 역할만 하시고, 왜 저한테는 악역만 시키세요?"

"내가 언제?"

"아, 오늘만 해도 그렇잖아요."

"난 있는 그대로 사실만을 말했을 뿐인데."

"아니, 아무리 사실이라도 그렇지……."

아이들은 누가 업어 가도 모르게 곤히 자는데, 어 형사의 넋두리는 밤이 깊도록 계속됐다. 정말 질긴 사람이다.

 도난 사건이 발생하다

다음 날 아침, 박 교장은 평소 습관대로 아침 일찍 일어나 산책을 나갔다. 맑은 겨울 아침의 차가운 공기가 상쾌하게 느껴졌다.

그런데 박 교장이 막 주인집 앞을 지나가는데, 주인 아저씨가 얼굴이 하얗게 질려서 집 주변을 둘러보고 있는 것이었다. 뭔가 큰일이 생긴 것 같은 표정. 박 교장은 순간 형사로서의 감이 발동했다.

"무슨 일 있으세요?"

"아, 맞다! 형사라고 하셨죠? 좀 도와주세요. 어젯밤 도둑이 들어서 금고에 있던 현금과 귀중품을 모조리 가져갔어요."

황당했다. 아니 이 산중에 무슨 도둑이란 말인가.

박 교장은 얼른 주인 아저씨를 따라 집 안으로 들어갔다. 아주머니도 얼굴이 사색이 되어 있었다. 현관 맞은편 작은방에 있는 금고가 정말 텅 비어 있었다.

"뭘 잃어버리셨죠?"

"다이아몬드 반지랑 금반지, 금목걸이, 그리고 현금까지 해서 한 삼천만 원 정도 될 거예요."

"어젯밤 잠자리에 든 시간은요?"

"열두 시쯤이요."

주인 아저씨가 대답했다.

"아무 소리도 못 들으셨어요?"

"네. 전 원래 한번 잠들면 업어 가도 몰라요."

아저씨가 대답하자 아주머니도 말했다.

"전 잠귀가 밝은 편인데, 어제는 포도주를 마시고 자서 그랬는지 깊이 잠들었었나 봐요."

박 교장은 일단 도둑이 침입한 흔적부터 찾아보았다. 1층 현관문은 열쇠로 열게 되어 있고, 밑에 보조 잠금 장치까지 달려 있는 것으로 봐서 현관문으로 들어오기는 쉽지 않았을 터. 살펴보니 현관문을 억지로 연 흔적은 없었다. 다른 방 창문 역시 모두 잠겨 있었는데, 딱 한 군데, 1층 화장실 창문이 열려 있는 것이었다.

"화장실 창문은 안 잠그셨나요?"

"어, 열려 있었네. 거긴 손을 잘 안 대는데."

사람 한 명 정도는 충분히 들어올 수 있는 크기. 그럼 이 창문을 통해 들어왔을 확률이 높다. 박 교장은 얼른 밖으로 나가 살펴봤다.

창문이 뒷베란다 위쪽으로 나 있어서 쉽게 들어올 수 있는 높이였다.

박 교장은 일단 숙소로 돌아왔다. 아이들이 졸린 눈을 비비며 아래층으로 내려오고 있었다. 박 교장의 굳은 표정을 보고, 정 형사가 물었다.

"쌤, 무슨 일 있으세요?"

"주인집에 도둑이 들었대."

"도둑이요?"

형사들이나 아이들이나 놀라긴 마찬가지였다. 오랜만에 놀러 왔는데, 도둑이라니. 게다가 주변에 있는 거라고는 나무와 바위뿐이고, 근처 다른 펜션과도 족히 10분은 떨어져 있는 산속 한적한 곳. 이런 곳에 도둑이 들었다니 황당했다.

"그럼 이 펜션 안에 범인이 있지 않을까요?"

태양이의 말에 별이도 동의했다.

"제 생각도 그래요. 또 금고에 돈이 있다는 사실을 알고 있는 사람일 거예요."

박 교장이 명령을 내렸다.

"안 형사는 가서 지문 채취하고, 정 형사는 펜션에 묵는 사람들 모두 주인집으로 모이라고 해."

CSI는 안 형사를 따라가고, 다른 아이들은 정 형사를 따라나섰다. 하루 잘 쉬었나 했더니, 또다시 사건이 터진 것. 하지만 해병대 캠프에서 살아남고 보니, 아이들은 그 어느 때보다 사건 해결의 의지가 불타오르는 것 같았다.

 박 교장과 어 형사, 그리고 안 형사와 CSI 아이들은 주인집으로 갔다. 안 형사와 아이들이 집 안 곳곳, 특히 금고가 있는 작은방과 창문이 열려 있던 화장실에서 지문을 채취하는 동안, 어 형사는 주인 아저씨와 아주머니에게 이것저것 물었다.

 "혹시 집안 사정을 잘 아는 사람 중 의심 가는 사람은 없나요?"
 주인 아저씨가 고개를 저으며 대답했다.
 "없어요. 여기 살면서 펜션을 운영한 지 3년이 넘었는데 한 번도 이런 적이 없었거든요. 주변 이웃들도 다 비슷비슷하게 사는 사람들이고, 그럴 사람들이 아닌데……."

 한편, 정 형사와 아이들은 세 집으로 흩어져 문을 두드렸다. 남우와 운동이가 첫 번째 집의 문을 두드리자 삼십 대로 보이는 아주머니가 나왔다. 남우가 자초지종을 얘기하니, 아주머니는 깜짝 놀라서 물었다.
 "그런데 우리는 왜 오라고 하는데? 혹시 우리를 의심하는 거야?"
 남우가 손을 내저으며 대답했다.
 "아니에요. 그냥 일단 다 모이기로 한 거예요."
 그때였다.
 "엄마, 누구야?"
 초등학교 1학년쯤 되어 보이는 여자아이였다. 가족끼리 여행을 온 모양이었다. 아주머니가 남우에게 대답했다.

"그래, 알았어. 조금 있다가 갈게."

원소와 화산이는 그 옆집 문을 두드렸다. 그런데 아무리 두드려도 대답이 없는 것이었다. 화산이가 말했다.

"아직 안 일어났나?"

"벌써 나간 거 아냐?"

원소가 의심의 눈초리로 말했다. 그런데 그때였다. 문이 벌컥 열리더니, 방금 자다 깬 듯한 얼굴의 젊은 청년이 신경질적으로 물었다.

"누구세요?"

"아, 안녕하세요? 옆 동에서 왔는데요."

청년은 잔뜩 찡그린 표정으로 아이들을 보더니 더 짜증스러운 말투로 물었다.

"그런데?"

흐트러진 옷매무새나 술 냄새가 지독하게 풍기는 것으로 봐서, 늦게까지 술을 마시고 잔 모양이었다.

"주인집에 도둑이 들어서요. 모두 그쪽으로 모이셔야 될 것 같아요."

그러자 청년은 어처구니없다는 표정으로 대답했다.

"도둑? 그 집에 도둑이 든 게 우리랑 무슨 상관이야. 거참, 아침부터 재수 없게."

그러더니 그냥 문을 닫으려는 게 아닌가. 그런데 그 순간, 정 형사가 나타나 문을 잡으며 말했다.

"경찰입니다."

순간, 멈칫하는 청년. 정 형사가 신분증을 내밀며 말했다.

"주인집에 도둑이 들어서 조사를 진행 중입니다. 여기 계신 분들 모두 조사에 응해 주시기 바랍니다."

경찰이라는 말에 청년도 금방 꼬리를 내렸다.

"알았어요. 잠깐만요. 친구들 깨워서 같이 갈게요."

청년이 문을 닫자, 정 형사가 돌아서며 말했다.

"술을 많이 먹은 모양인데. 아직도 정신 못 차리는 거 보니."

"저 집은요?"

원소가 정 형사가 갔던 맨 마지막 동을 가리키며 물었다.

"대답이 없어. 열쇠 가지고 가서 열어 봐야겠어."

정 형사와 아이들은 주인집으로 내려왔다. 그리고 정 형사가 마지막 집에 대해 물었다.

"부부가 같이 와서 묵고 있어요."

주인 아저씨가 대답했다.

술을 먹으면 왜 취할까?

술의 주성분은 물과 알코올(에탄올)이야. 그리고 맛을 내기 위한 몇몇 첨가물이 들어 있지. 술을 마시면 알코올이 신경계통을 마비시키기 때문에 취하는 거야. 알코올은 간에서 효소에 의해 아세트알데히드로 분해되는데, 이것이 두통, 구토, 불쾌감 등을 유발하지. 또 아세트알데히드는 다른 효소에 의해서 초산으로 산화돼. 따라서 알코올과 아세트알데히드를 분해하는 두 종류의 효소를 몸에 많이 가지고 있는 사람은 분해가 활발히 일어나 비교적 술에 강한 반면, 분해 효소가 적은 사람은 술을 조금만 마셔도 쉽게 취하게 되지.

"오늘 일찍 간다고 했었나요?"

"아니요. 그런 말은 없었는데……. 어제 한 9시쯤 여기 왔었거든요. 결혼 30주년 기념으로 여행 온 거라면서 케이크랑 포도주를 먹어 보라고 가져왔더라고요."

아저씨의 말에 아주머니가 무언가 생각난 듯 말했다.

"가만, 우리 어제 그거 먹고 잤잖아요. 혹시 말이에요, 거기 무슨 약이라도 탄 거 아닐까요? 어젯밤 내가 아무 소리도 못 듣고 잤다는 게 좀 이상해요."

그러자 아저씨가 고개를 저으며 말했다.

"에이, 당신 술에 약하잖아. 그런데 두 잔이나 마셨으니 취해서 깊이 잠든 거겠지."

박 교장이 물었다.

"혹시 케이크나 포도주 남은 거 있나요?"

"아니요. 다 먹고 벌써 설거지해 놨죠."

그렇다면 검사해 볼 방법이 없다. 정 형사가 물었다.

"그 집 열쇠 있죠?"

"네, 있어요."

주인 아저씨가 대답했다. 정 형사와 아이들은 아저씨에게서 열쇠를 받아 다시 그 집으로 갔다. 열쇠로 문을 열고 들어갔더니, 집 안이 말끔하게 치워져 있는 것이었다. 그렇다면 부부 절도범? 그런데 안쪽 방을 살피던 원소가 소리쳤다.

"짐이 아직 있는데요."

정 형사가 가 보았더니, 정말 잘 챙겨 놓은 짐 꾸러미가 방 한쪽에 놓여 있었다. 그때였다.

"지금 뭐 하는 겁니까?"

누군가 뒤에서 버럭 소리를 지르는 것이었다. 깜짝 놀라 돌아보니, 등산복을 입은 부부였다. 둘 다 황당하고 화가 난 표정. 정 형사가 얼른 설명했다.

"아, 오해 마세요. 저는 경찰입니다. 주인집에 도둑이 들었어요. 그래서 어제 이곳에 묵으신 분들을 다 조사하고 있는데, 아무리 문을 두드려도 대답이 없어서 가신 줄 알고 문을 열고 들어왔습니다."
그러자 남편은 더 기가 막히다는 표정으로 물었다.
"아니, 그럼 지금 우리가 도둑질하고 도망친 줄 알고 이렇게 죄다 몰려온 거란 말입니까?"
정 형사가 침착하게 대답했다.
"정말 죄송합니다. 안에서 대답도 없고, 일찍 가신다는 말씀도 없으셨다고 해서요. 어쩔 수 없이 확인을 하려고 들어온 겁니다. 양해를 좀 해 주세요."
"허참, 기가 막혀서. 사람을 어떻게 보고."
"그런데 아침 일찍 어디 갔다 오시는 거죠?"
"아침 산행하고 왔어요. 왜요?"
언짢은 표정이 역력한 남편. 그러자 얼른 부인이 나섰다.
"아유, 너무 그러지 말아요. 상황을 들어 보니 그럴 수도 있었겠네요. 우리가 이해해야죠."
남편이 다시 말했다.
"그럼 이제 됐죠? 우리가 나타났으니까 범인이 아니라는 거 확실하잖아요."
정 형사가 물었다.
"그런데 어제 주인집에 케이크랑 포도주를 갖다 주셨다고요?"

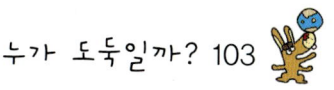

"네. 우리 결혼기념일이라 준비해 온 건데, 케이크도 많이 남고 포도주도 넉넉해서 좀 나눠 드리고 축하도 받을 겸 해서 가지고 간 겁니다. 왜요? 그게 또 문제가 되나요?"

"아닙니다. 일단 다른 분들도 다 모여 계시니, 함께 좀 가 주시죠."

그렇게 해서 모든 투숙객들을 어렵게 한자리에 모을 수 있었다.

 증거가 없다

박 교장이 다시 상황 설명을 하고 조사에 응해 줄 것을 부탁했지만 다들 불쾌한 표정이었다. 어 형사와 정 형사, 안 형사가 각 집에 묵고 있는 사람들에게 어젯밤과 오늘 아침의 알리바이를 물었다.

부부는 아까 말한 대로 9시쯤 주인집에 케이크랑 포도주를 갖다 주고 돌아와서, 둘이서 포도주 마시며 얘기 나누다가 11시쯤 잤다는 것. 그리고 새벽 6시에 일어나 산에 올라갔다 왔다는 것이었다.

"내가 시청 공무원으로 일하다가 정년퇴직한 사람입니다. 사람을 어떻게 보고 이러는 겁니까? 게다가 결혼 30주년 기념 여행인데. 에잇, 기분 나빠서 정말! 여기 다시 오나 봐라."

오랜만의 여행을 망쳐서 그런지 남편은 화가 쉽게 누그러지지 않는 모양이었다.

한편, 가족끼리 온 집 역시 저녁 먹고 TV를 보며 놀다가 밤 12시가 다 돼서 갔다는 것. 어 형사가 물었다.

"혹시 어제 주인집에 오신 적은 없었나요?"

아이 아빠가 잠시 생각하더니 대답했다.

"왔었어요. 애들 씻기는데 수건이 부족해서 가지러 왔었죠."

"맞아요. 그래서 제가 방에서 꺼내다 드렸어요."

주인 아주머니가 대답했다.

그렇다면 혹시 그때 와서 금고를 보고 훔칠 생각을 한 건 아닐까? 하지만 가족끼리 온 사람들이다. 아이들까지 있는데 아빠가 도둑질을 했다는 건 쉽게 상상이 되지 않았다. 아이들이 자꾸 배고프다고 칭얼대자 엄마가 말했다.

"애들 밥부터 좀 먹이면 안 될까요?"

초등학교 1학년 딸과 유치원 다닐 법한 아들. 하기야 애들이 무슨 죄가 있겠는가.

"아, 네. 그러세요. 애들아, 미안해. 배고팠지? 가서 얼른 아침 먹어."

어 형사가 얼른 보내 주었다.

한편, 안 형사가 맡은 사람들은 셋이 같이 놀러 왔다는 청년들. 안 형사가 물었다.

"어제 저녁부터 오늘 아침까지 뭐 하셨어요?"

아까 문을 열어 줬던 청년, 장석우가 말했다.

"저녁 먹고 계속 술 마시다 잤어요. 새벽에 잤는데 정확히 몇 시인지는 모르겠고요."

다른 두 청년들도 마찬가지라는 것이었다. 셋은 같은 학과 친구로 장석우의 고향이 근처라 두 친구가 방학을 맞아 함께 놀러 온 거라고 했다. 안 형사가 다시 물었다.

"어제 주인집에 오신 적은 없었나요?"

"저녁 먹기 전에 된장 빌리러 잠깐 왔었어요. 그냥 된장만 얻어 가지고 바로 갔다고요. 아니, 그런데 생각할수록 억울하네요. 친구들이랑 재미있게 놀러 온 곳에서 용의자 취급이나 받다

니 말이에요."

의심을 받는 느낌이 들었던지 장석우는 억울한 표정이었다.

여하튼 세 팀 다 어제 주인집에 다녀갔다는 것은 확인된 상황. 하지만 그 사실만으로는 범인을 알아낼 수가 없다.

박 교장이 말했다.

"죄송하지만 일단 여러분이 묵었던 방에 들어가서 조사를 좀 하겠습니다."

기분은 나쁘지만 어쩔 수 없는 일. 사람들은 모두 동의했다. 박 교장이 마당으로 나와 명령을 내렸다.

"정 형사와 운동이, 남우는 경찰서에 가서 지문 감식 의뢰하고, 주변 도로 CCTV 데이터 확인해. 안 형사와 원소, 철민이, 수리는 주변에서 목격자 찾아보고, 어 형사와 태양이, 별이, 화산이는 각 집에 들어가서 단서가 될 만한 게 있는지 조사해 봐."

"네!"

어 형사 조는 각각 흩어져서 세 집에 들어가 샅샅이 살폈다. 하지만 훔친 물건도, 그밖에 아무런 증거도 찾을 수가 없었다. 하기야 이들 중 범인이 있다 하더라도 훔친 물건을 버젓이 방 안에 둘 리는 없지 않은가.

그사이 박 교장은 투숙객들의 인적 사항을 꼼꼼하게 기록했다. 여하튼 증거물이 안 나왔으니 더 이상 사람들을 잡아 둘 수는 없는 일. 결국 아무런 증거도 찾지 못한 채 사람들을 돌려보낼 수밖에 없었다.

 ## 용의자를 추적하라!

투숙객들은 각자의 숙소로 돌아갔다. 다들 얼른 짐을 챙겨 펜션을 나갈 모양이었다.

박 교장이 말했다.

"증거가 없으니, 일단 세 팀 다 미행해 보자. 만약 그 사람들 중에 범인이 있다면 분명히 훔친 물건을 숨겨 놓은 곳으로 갈 거야. 어 형사, 차가 한 대밖에 없으니까 인근 경찰서에 차량 두 대 지원 요청해."

어 형사가 곧바로 전화를 걸어 지원 요청을 했다.

"10분 정도 걸린다니까 지금 내려가면 될 것 같아요. 눈에 띄지 않게 미행해야 돼서 큰길가에서 만나기로 했거든요."

"좋아, 가지."

박 교장과 어 형사, 그리고 아이들은 펜션에서 100미터 정도 떨어진 공터에 있는 주차장으로 향했다. 그런데 막 차에 타려던 박 교장이 갑자기 주차되어 있는 다른 차에 다가가 유심히 살피는 것이었다. 어 형사와 아이들도 무슨 일인가 해서 그 차를 살폈다. 그런데 순간, 별이는 번쩍 눈에 띄는 것이 있었다. 별이가 물었다.

"쌤, 이 차죠?"

그러자 박 교장이 고개를 끄덕였다. 태양이가 물었다.

"이 차가 왜?"

별이가 대답했다.

"봐. 이 차에만 서리가 거의 내리지 않았잖아."

주차장에는 CSI가 타고 온 승합차를 포함해 모두 다섯 대의 차가 주차되어 있었다. 그런데 네 대의 차에는 모두 유리창과 차체에 하얗게 서리가 내려 있는데, 별이가 가리킨 검은색 차에만 서리가 거의 없이 깨끗한 것이었다.

곧이어 화산이도 번쩍!

"정말 그러네. 그럼 혹시 이 차 주인이 범인?"

박 교장이 고개를 끄덕이고, 어 형사도 이제야 알겠다는 표정을 지었다. 그런데 태양이는 아무리 봐도 이해가 되지 않았다.

"왜? 서리가 안 내렸으면 뭐가 문제인데?"

별이가 설명을 시작했다.

"우리 눈에는 보이지 않지만 공기 중에는 지표면에서 증발된 수증기들이 포함되어 있어. 수증기는 기온에 따라 액체인 물로 변하기도 하고, 고체인 얼음으로 변하기도 해. 그런데 기온이 갑자기 낮아져 수증기가 액체를 거치지 않고 곧바로 승화되면 고체, 즉 얼음이 되어 물체의 표면에 달라붙게 되지. 그게 바로 서리야."

화산이가 설명을 이었다.

"서리는 춥고 구름과 바람이 없는 맑은 날 밤에 형성돼. 낮에는 지표면이 태양에서 열을 흡수하지만, 해가 지면 식기 시작하지. 맑은 날 밤에는 지표면에서 방출된 열을 흡수하여 이를 다시 방출하는 구름이 없기 때문에, 흐린 날 밤보다 기온이 더욱 크게 떨어져. 그래서 수증기가 곧바로 얼어서 서리 결정이 되는 거지."

박 교장이 차의 보닛 부분을 만지며 말했다.

"같은 기상 조건에서 같은 장소에 있었는데 이 차에만 서리가 내리지 않았다는 건, 밤사이 차를 운행하여 차체의 온도가 올라가 있었다는 뜻이지."

태양이도 이제 고개를 끄덕였다. 범인은 금고에서 훔친 것을 다른 어딘가에 숨겨 놓기 위해 차를 가지고 움직였을 것이고, 그렇다면 이 차의 주인이 범인일 확률이 높다. 박 교장이 명령을 내렸다.

"차적 조회해 봐."

어 형사가 전화로 차적을 조회해 보니, 차 주인은 마성원. 박 교장이 인적 사항을 적은 수첩을 보더니 깜짝 놀라며 말했다.

"가족끼리 놀러 온 팀이야. 아빠 이름이 마성원이군."

"정말요?"

모두 깜짝 놀랐다. 아이들과 함께 온 아빠가 도둑이라니!

증발이란?

액체가 기체가 되는 상태 변화, 특히 물이 수증기가 되는 상태 변화를 '기화'라고 해. 그리고 그중 끓는점 이하의 온도에서, 액체 표면에서 일어나는 기화 현상을 '증발'이라고 하지. 그릇에 담아 놓은 물이 어느새 줄어드는 것, 젖은 빨래가 햇빛에 마르는 것은 모두 증발 현상이야. 또 주사를 맞기 전에 피부에 알코올 솜을 문지르면 시원하게 느껴지는 것도, 알코올이 증발하면서 우리 몸의 열을 빼앗기 때문이지.

정말 믿기 힘든 일이 벌어졌다. 박 교장이 말했다.

"그래도 일단 세 팀 모두 추적해 보자고. 태양아, 안 형사님한테 전화해서 큰길에서 만나자고 말씀 드려."

그렇게 해서 박 교장, 어 형사, 안 형사와 여섯 명의 아이들이 큰길가에서 만났다. 벌써 두 대의 지원 차량이 도착해 있었다.

"목격자는?"

박 교장이 묻자, 안 형사가 대답했다.

"없어요. 워낙 민가도 드문 동네라서요."

게다가 날씨까지 추웠으니 그 밤에 나와 돌아다닌 사람이 있을 리가 없다. 박 교장은 경찰서에 간 정 형사에게 전화를 걸었다.

"정 형사, CCTV에는 뭐 없어?"

"네. 큰길에만 한 대 있는데, 그것도 방향이 다른 쪽이라 별로 도움이 안 될 것 같아요."

박 교장은 정 형사에게 마성원에 대해 자세히 알아보라고 명령을 내렸다.

그 사이 안 형사가 아이들을 세 팀으로 나눠 줬다. 철민이와 별이, 원소와 화산이, 그리고 수리와 태양이. 그런데 수리가 갑자기 손을 들며 말했다.

"저, 별이랑 같이 가면 안 돼요?"

"수리야, 우리 놀러 가는 거 아니야."

안 형사는 태양이와 수리가 어색해진 사연을 모르고 있으니, 당연한 반응. 그러자 어 형사가 얼른 눈치를 채고 말했다.

"에이, 안 형사. 빡빡하게 왜 그래? 자, 수리는 별이랑 가. 태양이는 철민이랑 가고."

머쓱해진 태양이. 영문을 모르는 원소와 화산이, 그리고 철민이는 서로 눈치만 보고, 별이는 괜히 자기가 부추겨 둘 사이를 어색하게 만든 것 같아 미안한 마음이 들었다.

사실 수리가 고백을 한 이후, 태양이와 수리의 사이는 너무도 어색해져 버렸다. 태양이에게 거절당했다고 생각한 수리는 쿨하게 예전처럼 지내야지 하면서도 그게 잘 안 됐다. 저도 모르게 태양이를 피하고 있었다. 태양이도 어떻게 일을 수습해야 할지 몰라 괜히 수리만 보면 미안하고 어색했다. 그런 모습을 보는 별이 역시 안타깝기는 마찬가지. 아직은 어려 자신의 마음을 표현하는 데, 또 상대방의 마음을 위로하는 데 서툰 아이들이다.

어 형사는 그런 아이들의 모습이 마냥 귀엽고 사랑스러웠다. 순수한 아이들이 부럽기도 했다. 지나고 나면 다 아름다운 추억이 될 테니까.

각자 차에 타고 대기하고 있는데, 곧이어 펜션 주차장 쪽에서 차가 내려오기 시작했다. 제일 먼저 내려온 것은 부부의 빨간색 승용차.

"추적 시작해!"

박 교장이 전화로 명령을 내리자 어 형사와 철민이, 태양이가 그 차를 따라갔다. 5분 뒤 청년들이 탄 파란색 지프차가 내려왔고, 안 형사와 원소, 화산이가 추적을 시작했다. 곧이어 내려온 것은 유력한 용의자 마성원과 가족이 탄 검은색 승용차. 박 교장과 별이, 수리가 뒤를 쫓기 시작했다.

별이가 수리에게 마성원이 수상하다는 얘기를 하자 수리는 믿기 힘들다는 표정을 지었다.

"정말? 말도 안 돼. 아이들까지 데리고 여행을 와서 도둑질을 했다고? 어쩜 그럴 수가!"

그때였다. 경찰서에 있는 정 형사가 박 교장에게 전화를 걸어 마성원에 대한 조사 결과를 보고했다.

"충청북도 우선군에 사는데요, 직원이 다섯 명 정도 되는 작은 공장을 하고 있대요."

박 교장이 말했다.

"그럼 좀 살 만한 사람이네."

"그런데 최근에 공장이 부도가 났대요. 집도 빚쟁이들한테 다 넘어간 상황이라는데요."

"그래?"

"그리고 한 가지 더요. 11년 전에 절도, 소매치기 전과가 있어요."

그렇다면 마성원이 범인일 가능성이 더 높아질 수밖에 없는 상황. 수리가 고개를 갸우뚱하며 말했다.

"공장이 부도가 났는데, 그 와중에 가족이랑 여행을 왔다고요? 좀 이해가 안 가요."

"혹시 그 집 금고에 돈과 귀중품이 있는 걸 알고 일부러 가족 여행을 위장해서 접근한 것 아닐까?"

별이가 생각을 말하자, 박 교장이 고개를 갸웃했다.

"주인하고는 처음 봤다던데."

그렇다면 우발적인 범행이라는 말인가? 혹시 마성원의 아내도 범행에 가담한 건 아닐까? 그러는 사이, 차는 충청북도 우선군으로 접어들었다.

"집으로 가는 모양이군."

박 교장의 예상대로 마성원은 자신의 집 앞에 도착했다. 차에서 내린 가족들은 대문을 열고 집으로 들어갔다.

"어떡하죠?"

별이가 묻자 박 교장이 대답했다.

"좀 기다려 보자."

그사이 부부를 따라간 어 형사와 철민이, 태양이는 서울로 향하고 있다는 연락이 왔고, 청년들을 따라간 안 형사와 원소, 화산이는 30분쯤 후에 청년들이 기차역에서 헤어졌고, 차 주인인 장석우는 근처 집으로 들어갔다고 보고했다.

잠시 후, 경찰서에 남아 있던 정 형사가 박 교장에게 전화를 걸어 지문 감식 결과를 보고했다.

"화장실 창문이랑 금고에서는 펜션 주인 부부의 지문만 나왔고, 현관문에서는 주인 부부와 여러 투숙객들의 지문이 나왔어요. 아무래도 범인은 장갑을 끼고 들어와 지문을 남기지 않은 것 같아요."

"수고했어, 정 형사."

그런데 바로 그때였다. 마성원 집의 대문이 열리는 것이었다.

"어, 마성원이 나와요. 혼자인데요."

별이가 말했다.

마성원은 차를 타고 어디론가 달리기 시작했다. 박 교장과 별이, 수리는 곧바로 추적을 시작했다. 10분쯤 달린 후 도착한 곳은 바로 공장. 문이 굳게 닫힌 걸 보니, 부도가 나서 폐업했다는 공장이 분명하다. 마성원은 주변을 한번 살피더니, 잠긴 문을 열고 들어갔다. 그리고 잠시 후 뭔가를 꺼내 들고 나오는데, 바로 배낭. 혹시 저 안에 훔친 돈과 귀금속이 들어 있는 게 아닐까?

수리가 얼른 박 교장에게 물었다.

"잡아야 하지 않을까요?"

"아니, 좀 더 지켜보자."

마성원은 배낭을 차에 싣더니 다시 출발했다. 그러고는 다시 30분쯤 달려 도 경계선을 벗어나 충청남도로 넘어가더니, 마침내 금은방이 많이 모여 있는 곳에 차를 세웠다. 그렇다면 훔친 귀금속을 처분하려는 것이 분명하다. 예상대로 차에서 내린 마성원은 배낭을 메고 한 금은방으로 들어갔다. 박 교장은 그가 가방에서 귀금속을 꺼내 놓는 것을 확인하고는 명령을 내렸다.

"지금이야!"

말이 떨어지기가 무섭게 박 교장과 별이, 수리는 순식간에 금은방으로 뛰어 들어갔다. 갑작스런 상황에 깜짝 놀라는 마성원과 금은방 주인. 마성원은 재빨리 도망치려 했으나, 박 교장이 쏜살같이 달려들어 제압. 아직 녹슬지 않은 박 교장의 민첩함에 별이와 수리는 감탄했다. 역시 교장 쌤이다.

　마성원이 배낭에서 내놓은 것은 다이아몬드 반지 등의 귀금속. 펜션 주인집 금고에서 훔친 것이 틀림없었다. 결국 도둑은 마성원으로 밝혀졌다.

 잘못된 선택

　경찰서로 연행된 마성원은 눈물을 뚝뚝 흘리며 자백했다.
　"공장도 집도 다 빚쟁이한테 넘어가고 더 이상 버틸 방법이 없었어요. 가족을 빚쟁이들의 독촉에서 벗어나게 하는 길은 제가 죽는 것뿐이라 생각해 자살하기로 결심했는데……."

　그래서 죽기 전에 가족과 함께 마지막 여행을 간 것이었다. 물론 아내와 아이들은 그런 마성원의 생각을 전혀 모르고 있었단다.

　그런데 수건을 가지러 주인집에 갔고, 아주머니가 방에 수건을 가지러 들어간 사이 현관에서 기다리는데, 작은방 문이 살짝 열려 있었던 것. 그리고 그의 눈에 번쩍 띈 것은 바로 금고.

어려운 환경에서 자란 마성원은 젊었을 때는 소매치기, 절도 전과가 있을 정도로 험하게 살았단다. 그런데 교도소 출소 후 아내를 만났고 새로운 삶을 시작한 것. 공장에서 열심히 일을 배워 자신이 직접 작은 공장을 차릴 수 있었고, 지금까지는 그래도 먹고 살 만했는데 지난해부터 불황 때문에 공장이 점점 어려워졌다는 것이었다. 결국 빚더미에 앉게 됐고, 빚쟁이들한테 시달리면서 자살 결심까지 하게 되었다는 것.

"잊으려 해도 자꾸 금고 생각이 나는 거예요. 그 정도 규모의 펜션을 가지고 있을 정도면 돈도 꽤 있을 거라는 생각이 들었어요. 옆에서 자고 있는 가족들이 내가 죽으면 오갈 데도 없게 될 것을 생각하니, 월세집이라도 얻을 수 있게 남겨 주고 싶다는 생각이 들었어요. 난 어차피 죽으려 했으니, 일단 뭐라도 훔쳐서 돈으로 바꾼 후 남기고 죽으려고, 흑흑흑."

결국 새벽 2시쯤 가족들이 잠든 사이 밖으로 나온 마성원은 화장실 창문이 열려 있는 것을 발견, 그곳으로 들어가 옛날 실력을 발휘해 금고를 연 후, 돈과 귀중품을 훔쳤다는 것이었다.

"가지고 있으면 들킬까 봐 곧바로 차를 몰아 공장에 숨겨 놓은 다음, 다시 펜션으로 돌아갔어요."

박 교장이 물었다.

"마성원 씨 단독 범행이 맞습니까? 혹시 부인께서……."

마성원은 박 교장이 말을 맺기도 전에 손사래를 치며 대답했다.

"말도 안 됩니다. 얼마나 착한 사람인데요. 제가 그랬다는 걸 알면 정말 실망이 클 겁니다."

연락을 받고 경찰서에 도착한 마성원의 아내. 아내는 눈물을 뚝뚝 흘리며 말했다.

"남편이 밤에 잠을 못 자고 나갔다 오는 것 같기에 빚 때문에 걱정이 돼서 그런가 보다 했어요. 그런데 아침에 학생들이 와서 주인집에 도둑이 들었다는 거예요. 그래서 남편한테 밤에 어디 갔다 왔냐고 물어봤죠. 그랬더니 손 뗀 지가 언제인데 자기를 의심하냐고 버럭 소리를 지르더라고요. 그래서 남편을 믿었는데……. 흐흑."

게다가 마성원이 자살할 생각이었다는 걸 알게 되자 아내는 서럽게 울부짖었다.

"그럼 나랑 애들은 어떻게 살라고……. 어떻게든 같이 살 생각을 해

아지, 흑흑흑."

"여보, 미안해."

그렇게 펜션 도둑 사건은 해결되었지만, 아이들도 박 교장도 마음이 착잡했다. 절도는 큰 범죄이지만 마성원의 처지가 딱했기 때문이었다. 요즘 어려운 경제 상황이 지속되다 보니, 범죄의 유혹에 빠지는 사람도 자꾸 많아진다는데 정말 걱정이라는 생각이 들었다.

 ## 별이가 들려주는 사건 해결의 열쇠

한적한 펜션에서 벌어진 한밤의 도난 사건. 이렇다 할 단서가 없는 상황에서 용의자를 찾을 수 있었던 것은 '물의 순환'과 '서리'에 대해 잘 알았기 때문이야.

💡 물의 순환

지구에 있는 강, 호수, 바다의 물뿐만 아니라, 젖은 빨래의 물, 컵에 담긴 물 등 온갖 종류의 물은 햇빛을 받으면 기체인 수증기로 변해 공기 중으로 퍼져 나가. 그리고 공기의 움직임을 따라 움직이다가 비, 눈, 구름, 안개 등 다양한 기상현상을 일으키지.

〈물의 순환〉

그러다가 다시 땅으로 떨어진 물은 동물이나 식물이 마시거나 쓰고, 일부는 땅속으로 스며들어 지하수가 되기도 하고, 또 땅 위를 흐르는 강을 이루어서 다시 바다로 흘러 들어가기도 해. 결국 땅에 떨어진 물은 다시 증발하여 수증기가 되어 공기 중으로 돌아가게 되지.

이렇게 지표면에 있는 물이 증발하여 공기 중으로 갔다가 다시 땅으로 떨어지는 과정을 반복하면서 물이 돌고 도는 과정을 '물의 순환'이라고 해.

💡 수증기의 변신

공기 중의 수증기는 높이에 따른 온도의 변화에 의해 다양한 모습으로 변신해. 수증기는 기체야. 그러니까 온도가 낮아지면 액체인 물로 변하고, 온도가 더 낮아지면 고체인 얼음으로 변하지.

〈수증기의 상태 변화〉

'안개'는 지표 근처의 공기가 차가워져서 수증기가 아주 작은 물방울로 변해 지표 근처에 떠 있는 것을 말해. 또한 '구름'은 수증기가 하늘로 올라가 주변의 낮은 기온으로 인해 다시 작은 물방울이나 얼음으로 변해 모여 있는 것이지.

밤이 되어 기온이 떨어지면 지표면의 물체들도 차가워져. 그러면 물체 주변의 공기 중에 있던 수증기가 액체인 물방울이 되어 물체에 맺히는 것이 바로 '이슬'이야. 맑은 날 아침에 산책을 하다 보면 풀잎 위에 맺힌 영롱한 이슬을 볼 수 있지? 바로 공기 중 수증기가 물방울로 변한 것이지.

💡 서리란?

그렇다면 서리는 어떻게 생기는 것일까?

이슬이 생기는 원리와 같아. 하지만 기온이 더 떨어진 경우에는 기체인 수증기가 액체인 물로 액화되지 못하고, 고체로 승화되어 곧바로 얼음으로 얼어 버리는 현상이 일어나는데, 그것이 바로 '서리'야. 다시 말해, 0℃ 이하의 온도에서 공기 중의 수증기가 땅이나 물체에 접촉하여 얼어붙은 매우 작은 얼음을 '서리'라고 하지. 그래서 서리를 잘 관찰해 보면, 눈의 결정 모양을 하고 있는 걸 볼 수 있어.

서리는 구름과 바람이 없는 맑고 추운 날에 생겨. 맑은 날 밤에는 지표면에서 방출된 열을 흡수하여 이를 다시 방출하는 구름이 없기 때문에 구름이 낀 날보다 기온이 더욱 크게 떨어지거든. 하지만 맑고 추운 날이라도 바람이 강하면 수증기를 쓸어 가기 때문에 서리는 생기지 않아.

보통 해가 지고 난 뒤 한 시간에 0.8℃ 이상씩 큰 폭으로 기온이 떨어지면 서리가 내리지. 또한 구름 한 점 없이 청명하여 밤하늘의 별이 뚜렷이 관찰될 때 발생하기 쉬워.

  농작물에 서리가 내리면 조직이 얼어붙어 파괴되는 냉해 피해를 입을 수 있기 때문에 서리가 내릴 때는 농작물 관리에 신경을 써야 해.

〈수증기가 고체로 승화되어 생기는 서리〉

  그러니까 생각해 봐. 추운 날 밤새 밖에 세워 둔 차량들. 다른 차에는 다 서리가 내렸는데, 용의자의 차에만 서리가 내리지 않았어. **기상 조건이 똑같은데 서리가 내리지 않았다는 건 밤사이 차를 운행해 차체가 따뜻해졌기 때문**이라는 것을 추리해 냈고, 결국 범인을 찾아낼 수 있었지.

핵심 과학 원리 | 피의 순환과 시반

수상한 강도 사건

아침부터 강도 살인 사건이라니!
안 형사와 아이들은 곧바로 사건 현장으로 향했다.
도착한 곳은 꽤 큰 규모의 한정식 집.

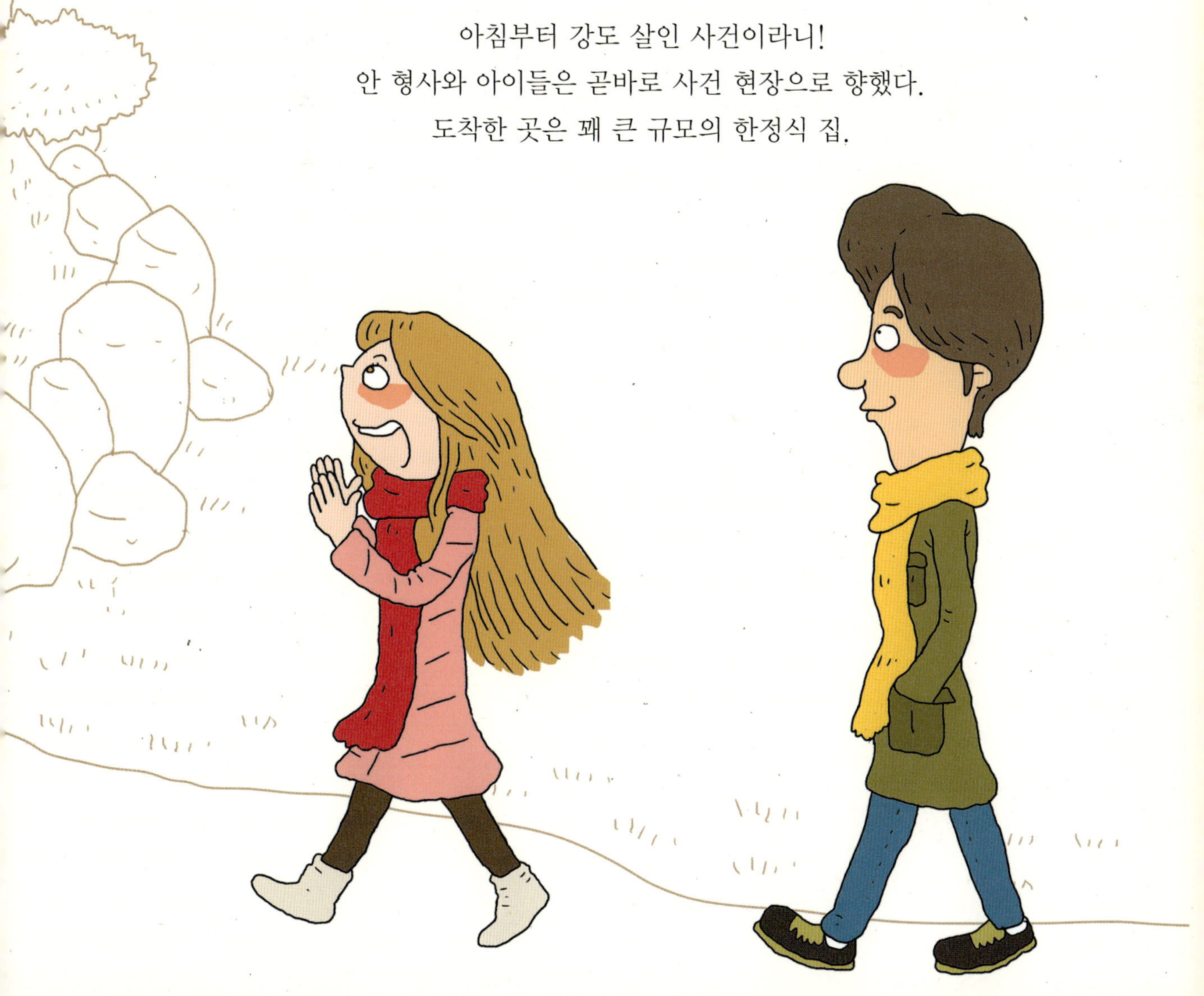

 강도 사건이 발생하다

　펜션 절도 사건을 해결하고 돌아온 아이들은 겨울 방학을 앞두고 오랜만에 여유로운 날들을 보내고 있었다.
　"잘 먹었다. 꺼억~"
　식당에서 아침을 먹고 나오자마자 철민이가 트림을 해 댔다.
　"으유, 양철민."
　원소가 면박을 주자, 철민이는 별일 아니라는 듯 말했다.
　"왜? 너희들은 트림 안 하냐? 어, 가만. 갑자기 배가 부글부글한 게 신호가……."
　그러면서 방귀를 끼려는 듯 갑자기 엉덩이를 쑥 빼는 철민이.
　"야! 너, 정말!"
　모두들 기겁해서 철민이에게서 멀리 떨어졌다. 바로 그때 들리는 목소리.
　"CSI! 빨리 내려와."
　안 형사였다. 심각한 표정을 보니, 뭔가 사건이 터진 게 분명했다. 장난치던 철민이가 얼른 진지한 표정으로 물었다.
　"무슨 일인데요?"
　"강도 살인 사건이야."
　아침부터 강도 살인 사건이라니! 안 형사와 아이들은 곧바로 사건 현장으로 향했다. 도착한 곳은 꽤 큰 규모의 한정식 집. 피해자는 식당 주인인 57세 박금자. 처음 발견해 신고한 사람은 음식점에서 주방 보조로 일하는 20세 허승민이었다.

"아침 7시에 출근했는데, 문을 열고 들어오니 홀이 완전히 난장판이 되어 있더라고요."

깜짝 놀라 무슨 일인가 둘러보다가 계산대 옆에 피해자가 양손이 테이프로 묶인 채 엎드려 있는 것을 발견했다는 것.

"진짜 기절할 뻔했다니까요."

계산대 위에 있는 계산기가 활짝 열려 있었고, 돈은 하나도 없는 상태. 또 시신 바로 옆에 가방이 떨어져 있었고, 그 안에 있던 물건은 전부 쏟아져 나와 있었으며, 지갑도 텅 빈 채로 던져져 있었다. 현장 상황으로 봐서 일단 강도 살해 사건인 듯했다.

안 형사가 명령했다.

"태양이는 현장 사진 찍고, 별이는 지문 채취해. 철민이랑 수리는 외부 침입 흔적 찾아보고."

아이들은 곧바로 흩어져 각자 맡은 일을 하기 시작했다. 안 형사는 허승민에게 사건에 대해 좀 더 자세히 물었다.

"원래 가게에 제일 먼저 나오나요?"

"네. 재료 씻고 다듬어 놓아야 해서 항상 제일 먼저 나와요."

"가게 문은 열려 있었나요?"

"앞문은 셔터가 내려져 있었어요. 셔터를 내리고 안에서 잠그게 되어 있거든요. 저는 뒷문으로 출입하고요. 그런데 제가 뒷문 열쇠를 돌리려는데 문이 열려 있는 거예요."

"그럼 앞문은 나중에 연 건가요?"

"네. 제가 신고하고 나서 연 거예요."

그렇다면 피해자도 범인도 뒷문으로 들어왔다는 뜻. 안 형사는 허승민의 안내를 받아 뒷문을 살펴보았다.

"뒷문 열쇠는 또 누가 갖고 있나요?"

"사장님하고 저, 그리고 주방장님, 매니저님. 이렇게 네 명이요."

외부 침입 흔적을 찾던 수리와 철민이가 안 형사에게 보고했다.

"별다른 흔적은 없어요."

그렇다면 피해자가 열쇠로 뒷문을 열고 들어온 후, 범인이 피해자를 따라 들어왔을 가능성이 있다. 아니면 열쇠를 가지고 있던 누군가가 범인일 가능성도 생각해 볼 수 있다.

철민이가 허승민에게 주차장에 주차되어 있는 승용차가 누구 차냐고 물었다.

"사장님 차야."

흰색 스피도. 432라3454. 안 형사가 물었다.

"어제 식당 문 닫은 시간이 몇 시죠? 박금자 씨가 제일 마지막까지 남아 있었나요?"

수상한 강도 사건 131

그러나 허승민은 의외의 대답을 했다.

"어제는 가게 쉬는 날이었어요."

"그럼 아무도 안 나왔다는 말인가요?"

"네. 제가 알기로는요."

그렇다면 사장 혼자 가게에 나왔다가 변을 당했다는 말인가?

그사이 별이와 태양이는 사진을 찍고 지문을 채취하고 시신 상태를 살폈다. 목 졸린 흔적이 있는 것으로 봐서 질식사로 추정되고, 사후 강직 상태로 봐서는 사망한 지 대략 12시간 전후인 듯. 겨울이라 두꺼운 옷을 입고 있어서 몸 상태는 당장 확인할 수 없으니 부검을 해 봐야 정확한 사인을 알 수 있을 것이다.

그런데 한 가지 이상한 점이 있었다. 태양이가 말했다.

"목 졸려 사망한 사람이 왜 엎드려 있지?"

별이도 그게 이상하다고 생각하던 참이었다. 보통은 얼굴을 앞으로 한 채 발견되기 마련이다.

"범인이 일부러 뒤집어 놨나?"

별이가 고개를 갸우뚱하며 말했다. 그런데 순간, 날카로운 별이의 눈에 띄는 것이 있었다. 바로 피해자의 손목시계. 얼핏 봐도 꽤 비싸 보이는 시계였다.

"이거 로렌스야. 엄청 비싼 시계."

"그래? 그런데 왜 시계는 안 훔쳐 갔지? 이상하네."

태양이가 말했다. 홀 안의 상태로 봐서 분명히 강도와 피해자 간에 몸싸움이 있었을 것이다. 그런데 언뜻 봐도 금방 눈에 띌 정도로 번쩍이는 시계를 못 봤을 수 있을까? 그때였다.

"엄마! 엄마!"

젊은 여자가 울면서 안으로 들어오려고 하는 것이었다. 경찰이 막자 여자는 더 크게 울부짖었다.

"우리 엄마예요. 엄마! 엄마! 흑흑흑."

피해자의 딸인 모양이었다. 안 형사가 수리와 철민이에게 눈짓을 했다. 둘은 얼른 딸을 데리고 밖으로 나갔다.

"어떻게 된 일이야? 강도라니?"

딸이 믿기지 않는 듯 아이들을 붙잡고 울부짖었다. 딸의 이름은 송은영. 나이는 26세. 수리는 송은영을 진정시키고, 어제 피해자의 일정에 대해 물었다.

"식당이 쉬는 날이라 낮에는 집에 계셨어. 그러다 오후 5시쯤 약속이 있다고 나가셨는데, 아무리 기다려도 안 들어오시고 휴대전화도 꺼져 있는 거야. 그래서 밤새 걱정했는데, 어떻게 이런 일이……. 엄마, 흑흑."

철민이가 물었다.

"어디서 누구랑 만난다는 말씀은 없으셨고요?"

"응. 그런 얘기는 없으셨어."

수리가 다시 물었다.

"가게에 들른다는 얘기는요?"

"아니, 없었어."

송은영이 고개를 저었다.

잠시 후 다른 직원들도 하나둘씩 출근을 하면서 갑작스런 비보에 여기저기서 울고불고 난리가 났다. 그런데 철민이로부터 강도가 계산기에 있던 돈을 털어 갔다는 얘기를 듣자, 매니저가 의아하다는 듯 고개를 갸웃했다.

"계산기에는 돈이 하나도 없었을 텐데. 그저께 가게 문 닫으면서 사장님이 다 가져가셨거든."

그렇다면 강도가 계산기를 열어 봤는데 돈이 없자, 피해자 지갑에 있는 돈만 빼앗아 가지고 달아났단 말인가. 마침 현장 조사를 마친 별이와 태양이가 다가와 그 사실을 듣고 의문을 제기했다.

"뭔가 이상하지 않아? 비싼 손목시계도 안 가져갔어."
"카드는?"
수리가 물었다.
"카드도 없어지긴 했어. 하지만 어차피 카드를 쓰면 금방 잡힐 텐데 설마 그걸 쓰겠어?"
강도가 가져간 것은 얼마 안 되는 현금과 쓸모없는 카드뿐. 정말 이상한 강도다. 초범이 분명하다.

 수상한 사건

아이들이 조사한 결과를 보고하자 안 형사가 말했다.
"사망한 지 12시간 정도 지났다면, 사망 시각은 어제 저녁 7시 전후라는 얘기네."
"그렇죠. 집에서 5시쯤 나갔다니까 그때부터 7시 정도까지 누구와 만났는지를 알아내야 해요."
철민이가 말을 마치자 별이가 다른 의문점을 제기했다.

"그런데 손을 뒤로 묶은 것도 이상하고, 시신이 엎드린 채로 있었던 것도 이상하지 않아요? 보통 목을 졸라 살해한 경우에 보이는 흔적과는 거리가 멀잖아요."

다들 고개를 끄덕였다. 여하튼 단순한 강도 살해 사건은 아니라는 느낌이 들었다.

"혹시 원한 관계에 의한 살인이 아닐까요? 강도가 비싼 시계는 그냥 두고 몇 푼 안 되는 현금만 가져갔다는 게 말이 안 되잖아요. 돈을 훔쳐 간 건 살인을 강도 사건으로 위장하려는 의도인지도 몰라요."

태양이의 말에 안 형사가 명령을 내렸다.

"그럼 강도와 원한 관계에 의한 살인, 두 가지 가능성을 다 열어 두고 수사해 보자. 난 시신 수습하는 거 보고 지문 감식 의뢰할 테니까, 태양이는 피해자 주변에 원한 관계에 있는 사람 있는지 알아보고, 어제 피해자가 누구를 만났는지 알아내."

"알겠습니다!"

"철민이는 식당 주변에 목격자가 있는지 찾아보고, 별이는 피해자 카드 사용 내역이랑 휴대전화 사용 내역 확인해 봐. 마지막 신호 받은 위치도. 수리는 주변 CCTV 설치된 곳 찾아보고, 경찰서 가서 데이터 확인해 봐. 피해자 차량이 몇 시에 들어왔는지, 수상한 사람 찍힌 거 없는지도 살펴보고."

"네!"

아이들은 신속히 각자 맡은 일을 하기 위해 흩어졌다. 안 형사는 다시 사건 현장으로 돌아가 시신 수습 과정을 지켜보았다. 그러다 문득 계산대 아래 서랍이 살짝 열려 있는 것이 눈에 띄었다. 안을 살펴보니, 초록색 테이프가 들어 있었다.

'피해자의 손을 묶은 테이프?'

다시 확인해 보니, 맞다. 범인은 피해자의 손을 초록색 테이프로 묶었다. 테이프의 절단면을 비교해 보면 같은 테이프가 맞는지 확실히 알 수 있다.

'범인은 저 서랍에 테이프가 들어 있는 걸 알고 있었다는 말인데……'

게다가 테이프를 쓰고 나서 다시 서랍에 넣었다? 진짜 초범이 분명하다. 그리고 우발적인 범행일 확률이 높다. 사실 목 졸라 살해했다는 것은 무기도 없이 들어왔다는 말. 도대체 범인은 누구일까?

정말 돈을 빼앗으려다가 우발적으로 살해한 것일까? 아니면 강도 사건을 위장한 계획된 살인일까?

 드러나는 용의자

태양이가 알아보니, 피해자 박금자는 딸을 낳고 얼마 안 돼 남편과 사별한 후 시장에서 떡볶이 장사부터 시작해 자수성가한 사람이었다. 성실하고 사업 수완도 뛰어나 재산을 많이 모았다는 것. 직원들의 평도 대체로 좋았다. 대부분 5년 이상 함께 근무한 직원들로, 피해자에게 크게 원한을 가질 만한 사람은 없어 보였다.

"사소한 거라도 좋으니 기억나는 일이 있으면 말씀해 주세요."

태양이의 말에 부주방장 최수남은 잠시 망설이더니 말을 꺼냈다.

"글쎄. 이런 말 해도 되는지 모르겠는데, 사실 며칠 전에 사장님과 주방장님 사이에 안 좋은 일이 있긴 했어."

"안 좋은 일이라니요?"

태양이가 다시 묻자 최수남은 목소리를 낮추며 대답했다.

"주방장님이 다른 식당에서 스카우트 제의를 받았나 봐. 갑자기 다른 곳으로 간다니까 사장님이 엄청 화를 내셨어."

주방장 이창모는 박금자와 10년 이상 같이 일한 사이라고 했다. 그런데 다른 곳에서 파격적인 대우의 스카우트 제의를 받자 이창모가 그쪽으로 가겠다고 했고, 그 때문에 박금자와 크게 다투어 서로 감정이 안 좋은 상태였다는 것이었다. 결국 이창모는 새 주방장을 구할 때까지만 일하고 그만두기로 했다는 것.

매니저에게 물어보니 그녀도 고개를 끄덕이며 대답했다.

"사장님께서 처음에는 배신감을 많이 느끼셨나 봐. 10년이 넘도록 같이 일했으니까. 그런데 이미 마음 떠난 사람 잡아 봐야 뭐하냐며 주방장 구하느라 여기저기 다니셨지. 가만, 그럼 어제도 그 일 때문에 가게에 나오셨나?"

태양이는 이창모를 불러 상황을 물었다.

"뭐라고? 그래서 내가 사장님과 원한 관계라는 거야? 허참, 살다 살다 별일을 다 보겠네. 그런 일로 원한을 가진다는 게 말이 돼? 사장님도 처음엔 속상해서 화를 내셨지만 나중엔 서로 좋게 헤어지자고 하셨어."

이창모는 가게가 최근 급성장했는데도 자신에 대한 대우가 별로 달라지지 않아서 솔직히 서운했던 건 사실이라고 했다.

"애 셋이 다 학교 들어가고 나니까 경제적으로 너무 빠듯했는데, 마침 다른 식당에서 지금 받는 월급의 1.5배를 주겠다는 제의를 한 거야. 사장님께 사실대로 말씀 드렸더니, 사장님은 그만큼은 못 올려 주겠다고 하시더라고. 그래서 결국 옮기기로 결정했지."

태양이가 물었다.

"그럼 어제는 뭘 하셨죠?"

"가게 쉬는 날이라 집에 있었어."

"증명해 줄 사람 있나요?"

"그게…… 집사람이 오후에 애들 데리고 친정에 갔다가 밤 11시쯤 왔어. 장인어른 생신이셨거든. 난 몸이 좀 안 좋아서 하루 종일 집에 있었고."

박금자의 사망 추정 시간이 7시쯤인데, 이창모는 그 시간에 혼자 집에 있었다는 것.

"그럼 알리바이를 증명해 줄 사람이 없단 말씀이세요?"

"그건 그렇지. 하지만 내가 어제 사장님을 만났다는 증거도 없잖아. 안 그래?"

맞는 말이다. 그런데 갑자기 이창모가 미심쩍다는 표정으로 물었다.

"나랑 사장님이 다투었다는 얘기, 혹시 부주방장이 했어?"

"네? 그건 왜요?"

"사실 부주방장도 그저께 사장님이랑 한바탕 했거든. 내가 나가면 부주방장이 주방장으로 승진하겠거니 했는데, 사장님이 외부에서 주방장을 데려오겠다고 한 거야. 여기서 5년이나 부주방장으로 일했는데 어떻게 그럴 수가 있냐면서 막 대들더라고."

그렇다면 최수남은 자기가 의심받지 않으려고 일부러 이창모에 대한 이야기를 한 것은 아닐까? 태양이가 최수남을 불러서 다시 묻자 그는 펄쩍 뛰며 말했다.

"무슨 소리야! 내가 사장님이랑 싸우다니. 난 그냥 서운해서 몇 마디 한 것뿐이야."

태양이가 물었다.

"어제 저녁에 뭐 하셨죠?"

"그냥 집에서 텔레비전 보면서 쉬었지."

"증명해 줄 사람 있나요?"

"난 혼자 사는데……."

최수남 역시 알리바이를 증명해 줄 사람이 없었다. 이창모와 최수남. 과연 두 사람 중 진짜 범인이 있을까? 하지만 그 정도 이유로 살인까지 했다? 태양이는 좀처럼 납득이 되지 않았다.

한편, 별이는 피해자의 카드 사용 내역을 조사했는데, 어제 집에서 나간 5시 이후부터 현재까지 전혀 사용한 내역이 없었다. 또 휴대전화 사용 내역을 살펴보니, 어제 오후 4시경 이창모와 통화한 것이 마지막이었다. 휴대전화 최종 신호는 어제 5시 37분, 자운동 삼거리 부근. 자운동 삼거리라면, 식당에서 불과 10분 정도 떨어진 곳이다.

별이는 곧바로 인근 경찰서에 있는 안 형사에게 보고했다. 마침 태양이로부터 두 사람의 용의자를 찾았다는 보고를 받은 안 형사. 두 사람의 주소를 확인해 보니, 이창모의 집이 자운동에서 멀지 않은 형신동. 게다가 4시에 피해자와 통화한 기록까지 있다. 이창모를 좀 더 조사해 볼 필요가 있다고 생각한 안 형사가 태양이에게 명령했다.

"이창모 연행해."

곧바로 이창모가 경찰서로 연행되어 왔다. 하지만 이창모는 범행을 극구 부인했다.

"난 정말 아니에요! 내가 왜 사장님을 죽여요."

"어제 4시에 박금자 씨한테 전화하셨죠? 그 전화를 받고 박금자 씨가 외출한 것 같은데요."

안 형사가 물었다.

"무슨 말씀이세요? 저는 그저 주방장 구하는 문제로 전화 드린 것뿐이에요. 사장님이 부탁하셔서 새 주방장으로 후배 한 명을 추천했거든요. 그 후배가 가게에 한번 들른다기에, 사장님께 언제 면접을 보시겠냐고 여쭤 보려고 전화한 거예요."

"그래요? 박금자 씨의 휴대전화 신호가 마지막으로 잡힌 곳이 자운동 삼거립니다. 형신동에서 아주 가까운 곳이죠."

"그러니까 내가 자운동 삼거리에서 사장님을 만나서 죽인 다음에 가게로 와서 강도가 든 것으로 위장을 했다? 아주 소설을 쓰시네요. 나 참, 기가 막혀서!"

이창모가 황당하다는 듯 콧방귀를 뀌자 태양이가 말했다.

"그러니까 알리바이를 정확하게 대세요."

"몇 번을 말해? 진짜 하루 종일 집에 있었다니까. 집사람이랑 애들은 친정 갔다 11시쯤 왔고. 그때까지 난 꼼짝도 안 하고 집에 있었어."

답답하다는 표정으로 목소리를 높이던 이창모가 갑자기 무언가 생각난 듯 고개를 갸웃했다.

"가만, 혹시 그 사람이?"

안 형사와 태양이가 뚫어져라 쳐다보자 이창모가 말을 이었다.

"최근에 사장님하고 안 좋았던 사람이 또 있어. 서주원이라고, 얼마 전까지 우리 식당 주차요원으로 일했던 사람이야."

태양이가 물었다.

"무슨 일이 있었는데요?"

"처음엔 아무도 모르고 있었는데, 그 사람이랑 사장님 딸이 몰래 만났었나 봐. 그게 얼마 전에 들통 나서 사장님이 노발대발하셨지."

　서주원은 박금자의 식당에서 6개월 정도 일했는데, 키도 크고 잘생기고, 또 부지런하고 싹싹해서 박금자도 그를 마음에 들어 했다는 것. 그런데 혼자 금이야 옥이야 키운 딸이 보잘 것 없는 주차요원과 사귄다니, 박금자는 펄쩍 뛰며 반대하고 나섰다는 것이었다. 게다가 서주원이 고아인 데다 고등학교만 졸업했다는 이유로, 박금자의 반대는 더 완강했다고 한다. 결국 지난주에 서주원을 자르고 둘이 절대로 만나지 말라고 했다는 것.

　"내가 아는 건 이게 다야."

　이창모가 말을 마쳤다.

　혹시 아까 최수남을 끌어들였듯이 또 다른 사람을 끌어들이려는 것 아닐까? 하지만 이창모가 범인이라고 단정할 만한 증거도 아직은 부족하다. 그러니 서주원에 대해서도 좀 더 자세히 알아봐야겠다는 생각이 들었다.

 새로운 증거

한편, 가게 주변을 돌며 목격자를 찾던 철민이는 별다른 소득이 없었다. 평일 저녁이라 사람들의 왕래가 꽤 있었을 텐데, 아무도 피해자나 그 외 수상한 사람을 보지 못했다는 것도 좀 이상했다. 강도 사건이라면, 그리고 홀에서 그렇게 격렬하게 몸싸움이 일어났다면 제법 큰 소리가 났을 텐데, 무슨 소리를 들었다는 사람조차 전혀 없었다.

그 시간, 수리는 식당 뒤 주차장으로 들어오는 일방통행로에 CCTV가 설치되어 있는 것을 발견해 경찰서로 가서 그 데이터를 찾아보았다. 수리는 피해자가 집에서 나간 5시경부터 넉넉히 9시 정도까지의 데이터를 꼼꼼히 살펴보았지만, 피해자의 차는 찍혀 있지 않았다.

"이상하다. 사망 추정 시간이 틀렸나?"

수리는 시간대를 넓혀서 밤 12시 이후에 녹화된 데이터까지 살펴본 끝에 마침내 피해자의 차를 찾았다. 12시 3분 27초에 지나가는 것이 녹화되어 있었다. 깜깜한 밤인 데다 차가 선팅이 되어 있어서 운전자를 확인할 수는 없었다. 수리는 얼른 안 형사에게 보고했다.

아이들이 모두 한자리에 모이자 먼저 안 형사가 지문 감식 결과를 말해 주었다.

"별다른 건 없어. 대부분 식당에서 일하는 사람들의 지문인데, 계산대와 뒷문의 지문이 많이 지워져 있는 것으로 봐서 범인이 장갑을 끼고 있었던 것이 분명해. 테이프에도 장갑에서 묻은 것으로 보이는 섬유질이 붙어 있었어."

다음엔 수리가 CCTV 데이터를 보여 주었다. 별이가 황당하다는 듯 말했다.

"피해자가 밤 12시까지 살아 있었단 말이야?"

태양이가 말했다.

"그럼 이창모는 범인이 아니라는 말이네."

이창모가 밤 11시 이후 집에 있었다는 것은 부인이 확인해 준 사실. 그렇다면 여태껏 헛다리를 짚고 있었다는 말인가. 수리가 의문을 제기했다.

"그럼 사망 추정 시간이 틀린 걸까?"

그러자 듣고 있던 안 형사가 말했다.

"피해자가 운전을 한 게 아닐 수도 있지."

"그럼 다른 곳에서 살해돼 옮겨진 거라고요?"

태양이가 놀란 표정으로 묻자, 안 형사는 고개를 끄덕였다.

"피해자가 밤 12시에 가게에 온 것도 이상하고, 그 시간에 마침 강도가 들었다는 것도 이상해. 그리고 이걸 봐. 피해자의 손을 묶고 있던 테이프인데, 계산대 서랍에서 동일한 테이프가 나왔어. 절단면이 정확하게 일치해."

안 형사가 테이프의 절단면을 찍은 사진을 보여 주자 수리가 말했다.

"아무래도 안 형사님 말씀대로, 다른 곳에서 살해한 후 강도 사건으로 위장하기 위해 식당으로 데려온 것 같아요."

별이가 의견을 말했다.

"그럼 범인은 피해자와 안면이 있는 사람이 분명해. 그래서 식당 위치도 알고, 서랍에 테이프가 있는 것도 알았을 거야."

그때였다. 태양이는 번쩍 생각나는 것이 있었다.

"가만, 사망 추정 시간이 전날 저녁 7시 전후인데 12시가 넘어서 시신이 옮겨졌다? 그럼 최소한 5시간 정도 시신이 방치되어 있었다는 말이 되네."

철민이가 동의했다.

"우리 추리대로라면 그렇겠지."

태양이가 안 형사에게 물었다.

"혹시 시신에서 시반이 관찰됐다고 하던가요?"

"글쎄, 부검이 아직 진행 중이라……."

별이가 되물었다.

"시반?"

"응. 심장은 펌프 작용을 해서 온몸에 피가 돌게 해 주는데, 사람이 숨을 거두면 심장 박동이 멈추게 되지. 그럼 온몸의 피가 그대로 정지해 버리면서 핏속의 적혈구, 백혈구, 혈소판 등의 혈구가 중력에 의해 혈관의 아래쪽으로 가라앉게 돼."

"그럼 어떻게 되는데?"

철민이가 물었다.

"정맥과 모세혈관에 모인 적혈구가 피부 밖으로 비쳐 빨간빛이나 보랏빛으로 보이게 되는데, 그것이 바로 시반이야."

안 형사가 덧붙여 말했다.

"빠르면 사후 30분부터, 평균 사후 1시간 후부터 시반이 보이기 시작하는데, 처음에는 점 모양으로 생겼다가 시간이 지날수록 점차 커져서 사망 후 4시간 이상이 지나면 반점 모양으로 보이게 돼. 그리고 한 자세로 오래 있을수록 시반이 더 선명해지지."

태양이가 확신이 담긴 표정으로 말을 이었다.

"그래서 시반을 보면 사망할 때의 자세를 추정할 수 있어. 예를 들어 등과 엉덩이에 시반이 고르게 퍼졌을 경우에는 사후에 시체가 누워 있었다고 추정할 수 있고, 복부에 시반이 생겼다면 엎드려 있었다고 추정할 수 있지. 시반을 잘 살펴보면 시신이 사후에 옮겨졌는지 여부도 알 수 있어."

"어떻게?"

철민이가 물었다.

"등과 엉덩이에 시반이 있는데 복부에도 시반이 있다면, 시신이 옮겨진 거라 볼 수 있지. 처음 자세에서 생긴 시반이 남아 있는 상태에서 다른 자세로 인해 또 다른 시반이 생겼다면, 시신이 옮겨졌다는 증거니까."

태양이의 설명에 별이가 천천히 고개를 끄덕이며 말했다.

"그러니까 만약 피해자가 다른 장소에서 살해된 후 5시간 이상 방치되어 있다가 나중에 식당으로 옮겨졌다면, 시반이 각기 다른 부위에 생겼을 거라는 말이네."

모든 동물의 피는 붉은색일까?

모든 동물의 피가 다 붉은색은 아니야. 사람의 피가 붉은 것은 바로 피의 적혈구 속에 있는 헤모글로빈이라는 붉은색 색소 때문이야. 척추동물의 혈액에는 철을 포함하고 있는 헤모글로빈이 들어 있기 때문에 모든 척추동물의 피는 붉은색이지. 하지만 오징어, 낙지, 게 등은 헤모글로빈 대신 헤모시아닌이라는 색소를 가지고 있어. 헤모시아닌은 철 대신 구리가 들어 있기 때문에 혈액이 푸른빛을 띠지.

"그렇지."

태양이의 대답에 안 형사도 덧붙였다.

"가능한 얘기야. 목 졸라 살해된 시신이 엎어져 있는 것이 이상했잖아. 아마도 새 시반은 복부 부분에 생겼을 테고, 먼저 생긴 시반은 등이나 엉덩이 쪽에 남아 있을 확률이 높겠군."

별이가 아쉬운 듯 말했다.

멍은 살아 있는 사람에게만 생긴다?

맞아. 멍은 몸에 타격이 가해질 때 혈관이 터져서 생기는 거야. 그런데 사망하면 심장이 멈추고, 피가 순환하지 않기 때문에 멍이 생기지 않아. 멍은 시간이 지나면서 붉은색, 진청색, 갈색, 초록색, 노란색으로 색깔이 바뀌다가 없어지지. 핏속의 헤모글로빈이 줄어들기 때문이야. 멍은 피해자의 죽음과 관련하여 중요한 증거가 될 수 있지.

"아, 미리 알았다면 시신을 확인해 봤을 텐데……."

안 형사가 시계를 보며 말했다.

"부검 결과 나올 시간 다 됐을 거야. 직접 가서 확인해 보자."

아이들과 안 형사는 곧바로 부검의 임지석에게 갔다. 그런데 아직 부검을 하고 있는 중이어서 10분 정도 기다려야 했다. 드디어 부검이 끝나고 임지석이 나왔다.

"목이 졸려 질식사한 것이 맞고, 사망 추정 시간은 어제 저녁 5시에서 7시 사이예요. 팔과 다리, 등 쪽에 멍 자국이 남아 있어요. 사망 직전 방망이 같은 둔기로 맞은 것 같아요."

"방망이요?"

안 형사가 되물었다.

"네. 뭉툭한 방망이 같은데, 뭔지는 정확하게 모르겠어요."

임지석이 대답했다.

"시반은요?"

태양이가 물었다.

"그러잖아도 양측성 시반이 발견됐어. 처음엔 등이랑 엉덩이 쪽에 생겼다가 복부 쪽으로 이동했어."

"양측성 시반이요?"

별이가 묻자 안 형사가 대신 대답해 줬다.

"처음 자세에서의 시반과 나중 자세의 시반이 다 남아 있는 걸 말해."

"시신이 옮겨졌다는 확실한 증거네요."

태양이의 말에 임지석이 고개를 끄덕였다.

"그렇지. 첫 번째 시반의 상태로 봐서 사망 후 최소 5시간 이상 지난 후에 옮겨진 것 같아."

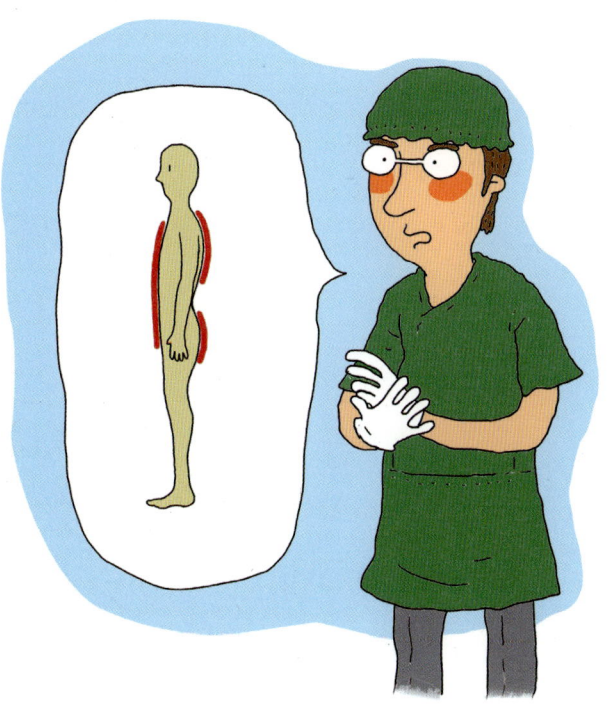

이제 사건의 윤곽은 분명해졌다. 범인은 피해자를 살해한 후 상당 시간 방치했다가 밤 12시쯤 식당으로 시신을 옮긴 다음 강도 사건으로 위장한 것이다.

그렇다면 도대체 누가 진짜 범인이고, 왜 이런 끔찍한 일을 저지른 것일까?

 의외의 범인

안 형사가 명령했다.

"태양이랑 철민이는 이창모와 최수남의 행적을 다시 확인해 보고, 별이랑 수리는 서주원에 대해 알아봐."

별이와 수리는 곧바로 식당 매니저를 만나 서주원에 대해 물었다. 매니저는 말도 안 된다는 듯 펄쩍 뛰었다.

"주원 씨 절대 그럴 사람은 아니야."

그런데 갑자기 매니저의 표정이 어두워지는 것이었다. 별이가 눈치채고 물었다.

"왜 그러세요? 뭐 짚이는 것 있으세요?"

"그러고 보니, 사장님이 그저께 주원 씨 집 주소를 물어보셨어."

"정말요? 왜요?"

"은영이랑 만나지 말라고 식당까지 그만두게 했는데, 그날 낮에 둘이 만났다는 걸 아셨나 봐. 화가 많이 나셨더라고. 그러더니 나한테 주원 씨 집 주소를 물어보셨어."

그럼 피해자가 사건 당일 약속이 있어서 나간다고 했던 것은 서주원을 만나러 갔던 것인가? 하지만 피해자의 휴대전화 통화 내역에는 서주원과 통화한 기록은 없었다.

"사장님이 주원 씨를 만났는지는 나도 모르지. 이력서에 적힌 주소만 가르쳐 드렸으니까."

"여러 가지 답해 주셔서 감사합니다. 많은 도움이 됐어요."

매니저를 만나고 나온 별이가 의견을 말했다.

"일단 송은영부터 만나 보는 건 어떨까?"

수리도 동의했다. 둘은 송은영을 만나 서주원에 대해 물었다.

"주원 씨? 그 사람은 왜?"

아이들이 그 사람의 이름을 알고 있다는 사실만으로도 송은영은 소스라치게 놀랐다.

"두 분이 사귀는 걸 어머니께서 많이 반대하셨고, 서주원 씨는 일주일 전에 퇴사했다고 하던데, 사실인가요?"

송은영은 고개를 숙이며 말했다.

"응. 맞아. 하지만 그 사람은 이 일하고는 아무 상관이 없어. 사실 어제 나랑 만났었어."

"어제 만났다고요? 몇 시쯤 만났죠?"

"6시 30분쯤 집 앞 카페에서 만나서 같이 있다가 11시쯤 헤어졌어."

그렇다면 그 시간 서주원의 알리바이는 확실하다는 얘기. 별이와 수리는 곧바로 서주원을 만나기 위해 그의 집으로 향했다.

그런데 서주원의 집이 자운동 삼거리 근처가 아닌가. 피해자의 휴대 전화 신호가 마지막으로 잡힌 곳.

"피해자가 서주원을 만난 게 틀림없어."

수리가 확신에 찬 목소리로 말했다. 별이도 동의했다. 하지만 서주원을 만난 아이들은 일부러 피해자가 강도를 만나 살해당했다고 말했다. 서주원의 반응을 보기 위해서였다. 서주원은 깜짝 놀라며 되물었다.

"그게 정말이야? 어디서?"

"식당에서 발견됐어요."

수리의 말에 서주원은 잠시 아무 말도 하지 않았다. 별이가 단도직입적으로 물었다.

"어제 피해자를 만나셨나요?"

"아니. 식당 그만둔 이후 사장님은 한 번도 뵌 적이 없어. 그리고 어제 난 그 시간에 은영 씨랑 함께 있었어."

별이가 날카롭게 물었다.

"저희는 말한 적이 없는데 사건이 일어난 시간을 알고 계신가 봐요?"

그러자 눈에 띄게 당황하는 서주원.

"아, 아니. 어제 은영 씨가 엄마가 외출하셔서 나올 수 있으니 만나자고 하더라고. 그럼 그때 나가셔서 변을 당하신 거겠지. 뻔하잖아."

서주원의 행동으로 봐서 송은영을 만난 것은 알리바이를 만들기 위한 것이 분명하다. 수리가 말했다.

"피해자의 휴대전화 신호가 어제 이 근처에서 끊어졌어요."

"그, 그래서? 그게 나랑 무슨 상관인데?"

서주원이 벌컥 화를 냈다.

별이와 수리는 심증을 굳혔다. 하지만 보다 확실한 증거가 필요하다. 서주원의 집에서 나오자 수리가 의견을 냈다.

"피해자의 차로 시신을 옮겼을 테니까 어제 분명히 주변 어딘가에 피해자의 차가 주차되어 있었을 거야. 주변 CCTV부터 찾아보자."

서주원의 집 근처 도로에 주차를 할 수 있는 곳은 거주자 우선 주차 구역. 그곳에 설치된 CCTV는 모두 세 대. 인근 경찰서에 가서 데이터를 살펴보던 중, 별이가 소리쳤다.

"이 차 아니야?"

하얀색 스피도였다. 5시 19분에 누군가 차에서 내리는 것이었다. 영상을 확대해 보니 피해자 박금자였다. 수리가 말했다.

"좀 더 돌려 보자. 서주원이 피해자의 차를 가지고 움직였다면 분명히 찍혀 있을 거야."

확인해 보니, 정말 있다. 밤 11시 46분, 주차되어 있는 피해자의 차에 누군가가 커다란 가방을 낑낑대며 끌고 오더니 트렁크에 싣는 것이었다. 운전석에 타는 사람의 얼굴이 가로등 불빛에 희미하게 드러났다. 분명 서주원이었다. 이 정도면 증거는 확실하다.

별이와 수리는 곧바로 안 형사에게 보고했다. 안 형사는 압수수색영장을 발부받아 철민이, 태양이와 함께 서주원의 집으로 출동했다. CSI가 집으로 들이닥치자, 깜짝 놀라는 서주원. 도망가려고 짐을 싸고 있던 중이었다.

"서주원 씨, 당신을 박금자 씨 살해 혐의로 체포합니다!"

아이들은 서주원을 체포하고, 증거물 추가 확보를 위해 집 안을 샅샅이 뒤졌다. 잠시 후 철민이가 베란다에서 야구방망이를 찾아냈다.

"피해자를 폭행한 둔기는 아마 이 야구방망이 같아."

바로 그때였다.

"어, 이게 뭐지?"

태양이가 옷장 밑에서 립스틱을 발견한 것이었다.

"혹시 피해자 것 아닐까?"

그건 송은영에게 물어보거나, 아니면 립스틱에 남아 있는 지문을 채취해 보면 금방 알 수 있을 것이다. 결국 서주원은 자신이 찍힌 CCTV 영상과 피해자의 립스틱을 증거로 내밀자 자백을 했다.

"흑흑. 죽일 생각은 꿈에도 없었어요. 그런데 사장님이 갑자기 찾아오셔서는 다짜고짜 따귀를 때리시는 거예요. 그러면서 돌아가신 부모님까지 들먹이시기에 내가 부모님 욕은 하지 말라고 했더니, 현관에 있던 야구방망이로 저를 막 때리려는 거예요."

서주원이 방망이를 빼앗자, 박금자가 욕을 하며 주먹과 발로 자신을 마구 때렸단다. 너무 화가 나서 저도 모르게 방망이를 휘둘렀고, 완전히 정신이 나간 상태에서 언제 목을 졸랐는지도 몰랐는데, 박금자가 갑자기 축 늘어지더라는 것. 너무 놀라 손을 뗐는데, 이미 사망한 상태.

"순식간에 일어난 상황이라 정말 정신이 하나도 없었어요. 그런데 그때 전화벨이 울렸어요. 은영 씨더라고요. 일단 알리바이를 만들어야겠다는 생각에 만나자고 했어요."

그리고 송은영과 헤어져 돌아오는 길에 큰 여행 가방을 샀고, 시신을 가방에 넣어 피해자의 차에 싣고 가게로 갔다. 피해자가 가지고 있던 열쇠로 뒷문을 열고 가게로 들어간 후, 강도 사건으로 위장하기 위해 홀 안을 어지럽히고, 계산기를 열어 놓고, 피해자의 지갑에서 돈과 카드를 꺼냈다는 것. 그리고 서랍에 테이프가 있던 것이 생각나 테이프를 꺼내 손까지 묶었다는 것이었다.

　결국 범인은 서주원으로 밝혀졌다. 순간적으로 화를 참지 못한 것이 살인이라는 엄청난 결과를 낳고 말았다. 피해자가 아무리 심하게 대했다 하더라도, 서주원의 범죄는 정당화될 수 없는 것이다.

　엄마의 죽음이 자신 때문이라는 죄책감에, 또 사랑하는 사람이 자신 때문에 졸지에 살인자가 됐다는 충격에 송은영은 목 놓아 울었다. 정말이지 슬픈 사랑의 종말이 아니고 무엇이겠는가. 사랑이 도대체 무엇이기에…….

태양이가 들려주는 사건 해결의 열쇠

식당 주인의 강도 살인 사건. 하지만 강도를 위장한 살인 사건임을 밝혀낼 수 있었던 것은 바로 '피의 순환'과 '시반'에 대해 잘 알았기 때문이야.

💡 피의 순환

우리 몸에는 약 4.5리터의 피가 쉴 새 없이 돌고 있어. 피를 만들고 몸 전체로 보내거나 받는 기관을 '순환계'라고 하는데, 심장, 동맥, 정맥, 모세혈관이 바로 순환계야.

심장은 사람 주먹만 한 크기로 왼쪽 가슴 아래에 있어. 피가 들어오는 '심방'과 피가 나가는 '심실'로 되어 있지. 펌프 작용을 통해 우리 몸에 피가 순환하도록 하는 역할을 해.

심장에서 나온 산소를 많이 가진 피는 동맥을 따라 모세혈관으로 가. 모

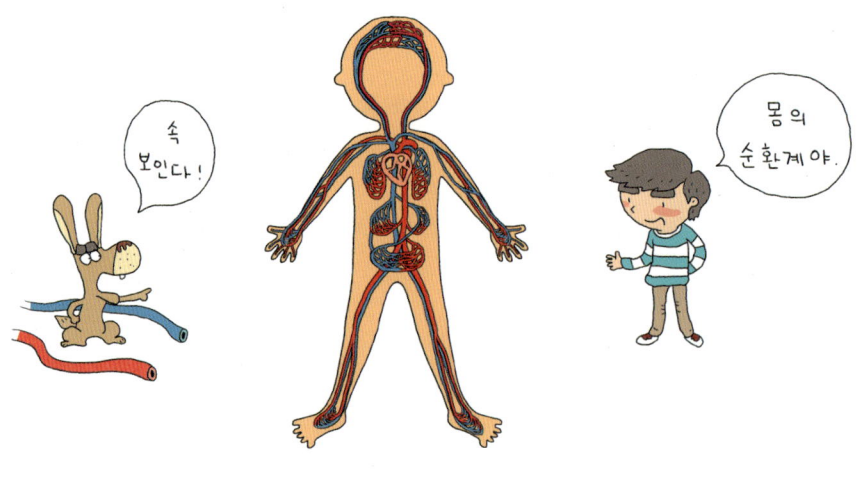

〈우리 몸의 순환계〉

세혈관은 온몸에 그물처럼 퍼져 있는 아주 가느다란 혈관인데, 동맥과 정맥을 연결해 주는 역할을 하지. 그렇게 온몸을 돌면서 이산화탄소를 모아 온 피는 다시 정맥을 따라 심장으로 들어가.

심장이 펌프 작용으로 인해 뛰는 것을 '박동'이라고 하는데, 손목의 맥박을 재어 보면 나의 심장 박동 수를 알 수 있어. 심장 박동은 바로 살아 있다는 증거. 다시 말해, 심장이 멈추면 사망했다고 할 수 있지.

피의 구성

혈액, 즉 피는 우리 몸무게의 약 8%를 차지해. 우리 몸의 각 세포에 양분과 산소를 전달해 주고, 세포에서 만들어진 노폐물과 이산화탄소를 몸 밖으로 내보내는 일을 해.

피는 혈구와 혈장으로 구성되어 있어. 혈구는 적혈구, 백혈구, 혈소판 등을 말하는데, 피의 약 45%를 차지하고 있지. 혈장은 액체 성분으로, 혈장의 약 90%가 물로 되어 있어.

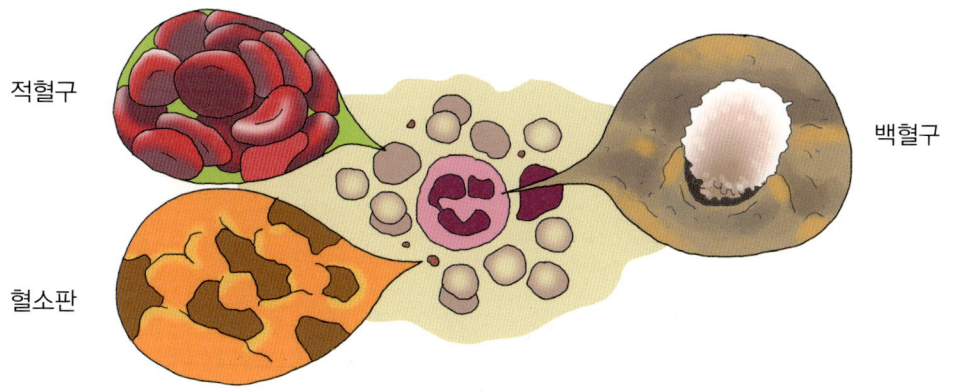

〈피의 구성〉

사람이 살아 있는 동안에는 피가 계속 순환되기 때문에 우리는 혈구 자체의 무게를 느끼지 못해. 하지만 사망하는 즉시 순환이 멈추지. 그러면 피는 중력에 의해 무거운 혈구와 상대적으로 가벼운 혈장으로 분리되어, 위아래로 나뉘어. 다시 말해, 상대적으로 무거운 혈구 성분이 혈관의 아래쪽으로 이동하게 되지.

시반이란?

이렇게 사망 후 혈구의 이동으로 피부의 작은 정맥과 모세혈관에 모인 적혈구가 피부 밖으로 비쳐 빨간빛 혹은 보랏빛으로 보이게 되는 것을 '시반'이라고 해. 누운 상태에서는 등 쪽으로, 서 있는 상태라면 다리 쪽으로 적혈구가 이동해 시반이 생기지.

시반이 나타나는 시점은 빠르면 사망 후 30분부터, 평균 1시간 후부터야. 처음에는 점 모양이다가 점차 커져서 사망 후 4~5시간 정도 지나면 반점 모양이 돼. 사후 약 12시간 이상이 경과되면 시반이 최고조에 달하고, 부패가 되기 전까지 유지되지.

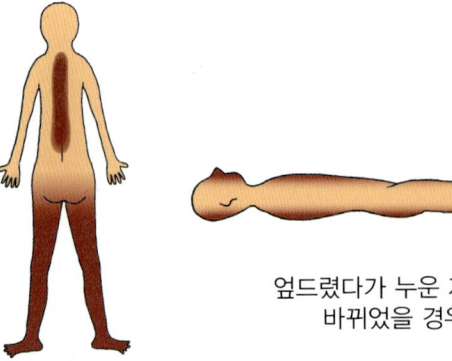

누웠다가 서 있는 자세로
바뀌었을 경우

엎드렸다가 누운 자세로
바뀌었을 경우

〈양측성 시반〉

시반을 보면 사망했을 때의 자세를 추정할 수 있어. 예를 들어, 종아리와 허벅지 뒤쪽에 시반이 두드러지게 많이 남은 경우에는, 사망 후 오랫동안 앉은 자세를 유지했음을 추정할 수 있지.

따라서 시반을 잘 관찰하면 시신이 사후에 옮겨졌는지, 아닌지를 알아낼 수 있어. 만약 시신을 옮겼다면 시반의 이동이 일어나는데, 시간이 많이 지나 완전히 이동되는 경우도 있지만, 보통은 원래 있던 시반과 함께 흔적이 남게 되지. 원래 자리의 흔적이 분명히 보이고, 옮겨져 새로 생긴 흔적도 확실히 보이는 경우를 '양측성 시반'이라고 해.

그러니까 생각해 봐. 강도 사건인데 여러 가지 의심스러운 점이 많았지. 그러던 중 시반을 확인하고, 시신이 사망 후에 옮겨졌다는 것을 알아냈어. 결국 범인이 자기 집에서 피해자를 살해하고, 시신을 식당으로 옮겨 강도 살인 사건으로 위장했음을 밝혀낸 거야.

CSI, 우정을 선택하다

수리의 고백이 있은 뒤로, 태양이는 계속 마음이 불편했다. 뭔가 분명히 해야 한다는 생각이 들었다.

깊은 밤, 태양이는 서랍에서 사진을 꺼냈다. 태양이에게 사랑은 기다림이었다. 별이가 언젠가 자신을 봐 주기를 바라던 기다림.

짝사랑하는 아픈 마음을 너무도 잘 알기에 태양이는 수리에게 상처를 주기 싫었다. 결국 태양이는 사랑보다 우정을 택하기로 했다. 별이에게도, 수리에게도 영원한 친구로 남기로 했다.

태양이는 어릴 때부터 가장 좋아했던 〈어린 왕자〉 책 사이에 사진을 끼웠다.

그리고 손이 잘 닿지 않는 높은 곳에 책을 꽂았다. 편안한 마음으로 그 사진을 볼 수 있을 때까지는 절대 책을 펼쳐 보지 않으리라. 태양이는 굳게 마음먹었다.

특별 활동

CSI, 함께 놀며 훈련하다!

수리랑 함께하는 신기한 놀이

① 춤추는 쌀알

진동이 다른 물체를 움직이게 할 수 있다는 것을 확인해 볼까? 쌀알의 귀여운 춤도 감상할 수 있어.

• 준비물 •

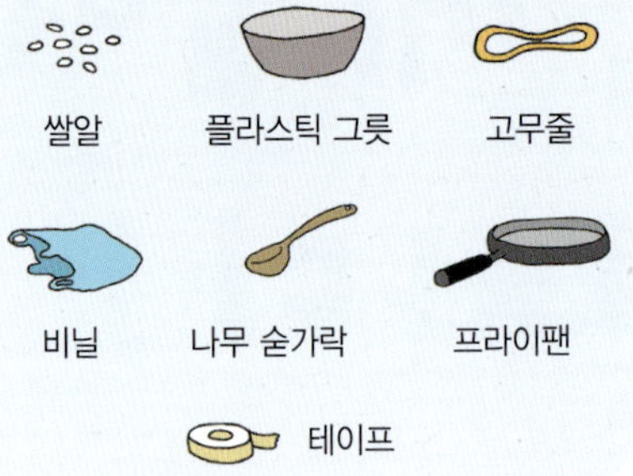

쌀알, 플라스틱 그릇, 고무줄, 비닐, 나무 숟가락, 프라이팬, 테이프

❶ 플라스틱 그릇 위에 비닐을 덮고 고무줄로 고정한다.

❷ 비닐을 더 팽팽하게 당겨 테이프로 다시 한번 고정한다.

❸ 그 위에 쌀알을 올려놓는다.

❹ 프라이팬을 플라스틱 그릇에 가까이 대고 나무 숟가락으로 바닥을 치면서 쌀알의 움직임을 관찰한다.

어때? 프라이팬 바닥을 칠 때마다 쌀알이 위로 통통 튀어 오르는 것을 볼 수 있지? 프라이팬의 진동이 비닐까지 전달되고, 그 진동에 의해 쌀알이 튀어 오르게 되는 거야. 리듬에 맞춰 두드리면 쌀알이 귀여운 춤을 추는 것 같이 보여서 더 재미있어.

❷ 고무줄 기타

고무줄로 기타를 만들어 볼까? 공명 현상이 소리를 더 크고 선명하게 해 준다는 것을 알 수 있지.

연필을 끼웠을 때 훨씬 더 크고 선명한 소리가 나지? 진동하는 고무줄만으로는 작고 둔탁한 소리밖에 나지 않아. 그런데 고무줄 양쪽에 연필을 끼우면 더 크고 선명한 소리가 나. 그건 연필과 그릇이 기타의 울림통(공명체)과 같은 역할을 하기 때문이야.

철민이랑 함께하는 신기한 놀이

① 누가 빨리 어나?

물과 소금물의 어는점 차이를 눈으로 확인해 볼까? 냉장고만 있으면 간단하게 실험해 볼 수 있어.

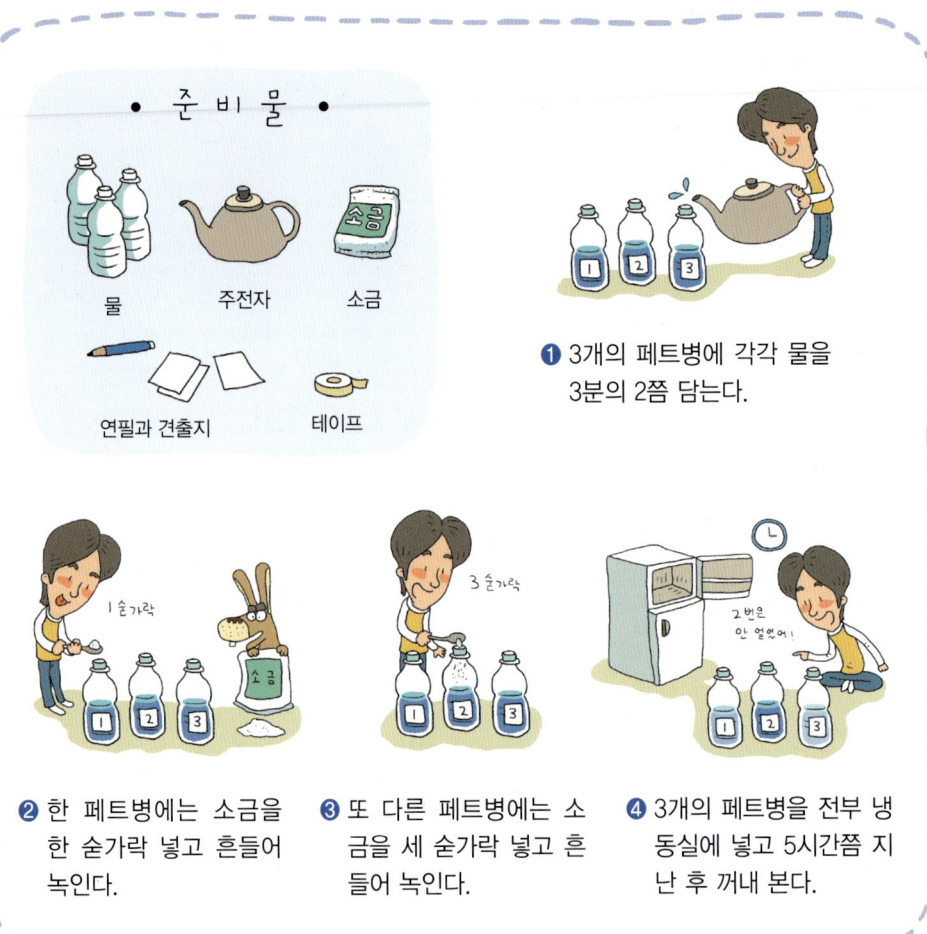

준비물: 물, 주전자, 소금, 연필과 견출지, 테이프

❶ 3개의 페트병에 각각 물을 3분의 2쯤 담는다.

❷ 한 페트병에는 소금을 한 숟가락 넣고 흔들어 녹인다.

❸ 또 다른 페트병에는 소금을 세 숟가락 넣고 흔들어 녹인다.

❹ 3개의 페트병을 전부 냉동실에 넣고 5시간쯤 지난 후 꺼내 본다.

소금이 많이 녹아 있을수록 덜 언 것을 볼 수 있지? 소금을 아주 많이 넣으면 냉동실 온도에서는 전혀 얼지 않을 수도 있어. 바로 용질이 많이 섞여 있을수록 어는점이 내려가는 '어는점 내림' 현상 때문이지.

❷ 아삭아삭 슬러시 만들기

어는점 내림을 이용하면 아삭아삭 시원한 슬러시를 만들어 먹을 수 있어. 같이 만들어 볼까?

어때? 탄산음료가 점점 얼어서 슬러시처럼 될 거야. 얼음 위에 소금을 뿌리면 어는점이 내려가면서 얼음이 녹는데, 이때 열이 필요하지. 얼음은 필요한 열을 탄산음료에서 빼앗기 때문에 탄산음료가 얼게 되는 거야.

별이랑 함께하는 신기한 놀이

① 수증기가 되어 날아가요

우리 주변의 물이 정말 수증기가 되어 날아갈까? 물을 증발시켜 보면 알 수 있지.

뚜껑을 닫아 놓은 병은 안쪽에 물방울이 조금 맺혔지만 물 높이는 거의 그대로지. 반면에 뚜껑을 열어 놓은 병의 물은 확연히 줄어든 것을 볼 수 있어. 햇빛에 의해 물이 따뜻해지면 물 분자가 운동을 하게 되는데, 이때 뚜껑을 열어 놓은 쪽의 물 분자 중 일부가 공기 중으로 증발하기 때문이지.

❷ 이슬과 서리 만들기

이슬과 서리를 만드는 재미있는 실험을 해 보고, 각각의 차이가 무엇인지 알아보자.

얼음만 넣은 유리컵에는 물방울이 맺혀. 공기 중의 수증기가 차가워진 유리컵 겉면에서 액체인 물방울로 변했기 때문이야. 바로 이슬이 생기는 원리지. 또 얼음과 소금을 넣은 유리컵에는 서리가 생겨. 소금이 어는점을 내리기 때문에 수증기가 곧바로 고체인 서리로 변해서 달라붙은 거지.

CSI, 함께 놀며 훈련하다!

태양이랑 함께하는 신기한 놀이

① 맥박 수 세기

내 심장이 얼마나 빨리 뛰고 있는지 맥박 수를 세어 보자. 친구와 같이 비교해 보아도 재미있을 거야.

•준비물•
스톱워치, 고무찰흙, 가는 빨대

❶ 검지와 중지로 짚어서 손목의 맥박을 찾아낸다.

❷ 맥박 위에 고무찰흙을 조금 붙이고, 고무찰흙에 빨대를 살짝 끼운다.

❸ 팔을 편안하게 하고, 스톱워치로 1분을 재는 동안 빨대가 몇 번 움직이는지 센다.

❹ 제자리뛰기를 해서 숨이 찰 때 같은 실험을 해 본다.

맥박이 뛸 때마다 빨대가 살짝살짝 움직이지? 또 숨이 차면 맥박이 빨라지니까 빨대가 더 빠르게 움직일 거야. 맥박은 심장이 밀어낸 혈액의 흐름에 따라 동맥이 팽창과 이완을 되풀이하는 현상을 말해. 맥박 수는 성인은 분당 60~80회, 어린이는 90~100회 정도가 정상이라 할 수 있지.

❷ 시반 형성의 원리

심장이 멈추면 중력에 의해 혈구가 가라앉아 시반이 형성돼. 이 원리를 간단한 실험으로 알아보자.

❶ 컵에 물을 3분의 2 정도 붓는다.

❷ 모래를 넣고 숟가락으로 계속 저으면서 모래가 어떻게 움직이는지 관찰한다.

❸ 숟가락으로 젓지 않고 잠시 가만히 둔다. 모래가 어떻게 되는지 관찰한다.

숟가락으로 계속 저을 때는 모래가 움직이지만, 젓지 않고 가만히 두면 아래로 가라앉아. 물은 핏속의 혈장이고, 모래는 혈구라고 생각해 봐. 심장이 뛸 때는 계속 피가 돌기 때문에 혈구가 가라앉지 않지만, 심장이 멈추면 무거운 혈구가 중력에 의해 가라앉게 되고, 그 때문에 시반이 생기는 거지.

ㄱ
공명 39, 40, 47
기화 111
끓는점 82

ㄷ
담수화 74, 77

ㅂ
박동 161
백혈구 148, 161

ㅅ
상괭이 58
상태 변화 82, 123
서리 110
순환계 160
승화 110, 124
시반 148, 162
심방 160
심실 160

ㅇ
아세트알데히드 100
알코올 100
양측성 시반 151, 163
어는점 83
어는점 내림 72, 83
염화칼슘 84
용질 83

ㅈ
적혈구 148, 161
증발 111, 123
진동 46
진동수 39, 46
진폭 46

ㅎ
헤모글로빈 149, 150
헤모시아닌 149
혈구 148, 161
혈소판 148, 161
혈장 161